T0284158

Los días y los libros

LOS DÍAS Y LOS LIBROS
Divagaciones en torno a la hospitalidad de la lectura

© 2006, 2007, 2023, Daniel Goldin

Imagen de portada: Daniel Goldin, *Ensayo #8*, de la serie Ensayos en blanco y negro, técnica mixta sobre lienzo crudo, cortesía del autor

D.R. © 2023, Editorial Océano de México, S.A. de C.V.
Guillermo Barroso 17-5, Col. Industrial Las Armas
Tlalnepantla de Baz, 54080, Estado de México
info@oceano.com.mx
www.oceano.mx

Primera edición en Océano: 2023

ISBN: 978-607-557-730-2

Los días y los libros

Divagaciones en torno a la hospitalidad de la lectura

Daniel Goldin

NUEVA EDICIÓN CORREGIDA

Índice

Prólogo a la primera edición

EN UNA CONMOVEDORA CONFERENCIA PRONUNCIADA AL inaugurar la primera biblioteca pública de Fuentevaqueros, su pueblo natal, Federico García Lorca confiesa que él "no habla", sino que lee siempre todas sus conferencias: "Pues la oratoria es un género en el que las ideas se diluyen tanto que sólo queda una música agradable, pero lo demás se lo lleva el viento". El poeta pensaba que, al escribirlas, sus conferencias serían más duraderas y firmes, y que podían servir de "enseñanza a personas ausentes".

La mayor parte de los textos que he incluido en este libro fueron originalmente escritos para ser leídos como conferencias. Al revisarlos para su publicación percibo en ellos la conciencia de que, aun fijada en papel, la palabra escrita es también mudable hija del tiempo, por tanto una suerte de viento, y que saberlo nos previene ante las ilusiones derivadas de su supuesta fijeza, como la de enseñar a los ausentes.

Ya es lugar común decir que el libro y la cultura no son en sí mismos valiosos moralmente; que a unos metros de los hornos crematorios los asesinos se deleitaban interpretando a Schubert o conversando sobre Goethe. Pero es difícil abandonar la esperanza en la educación, que quizá no sea sino el deseo de hacer del mundo un lugar más habitable.

En 1988, a punto de ser por primera vez padre, recibí el encargo de diseñar y dirigir el programa editorial para niños y jóvenes del Fondo de Cultura Económica. Desconocía prácticamente todo lo referente al campo de la literatura para niños y jóvenes, pero accedí con gusto por la atracción que me provocaba establecer un circuito que llegara a un nuevo lector e incidiera en su formación como ciudadano. Más que los libros, me interesaban los lectores.

Y, haciendo libros, de pronto me descubrí parte de un vasto y complejo movimiento en el que instituciones de diversa índole buscaban, por razones no siempre claras, formar más y mejores lectores. Buscando esclarecerme, al poco tiempo también descubrí un campo de conocimientos en plena ebullición relacionado con el cruce de varias disciplinas con la cultura escrita.

En los textos que ahora reúno he intentado conciliar estos campos, comprender, analizar o definir inquietudes y deseos, prácticas y propósitos, propios y ajenos, a la luz de esos conocimientos. Al leerlos me doy cuenta de que hay preocupaciones y constantes que hubiera creído reservadas a rincones más íntimos y a mi creación poética. Acaso la frontera entre lo público y lo privado sea más permeable de lo que pensamos. En cualquier caso, es una prueba más de que lo que permanece son las preguntas más profundas, no las cambiantes respuestas que les damos.

Redactar una conferencia es, entre otras cosas, dilatar y enriquecer el camino hacia un oyente supuesto. Cuando lo hacía, lo que más me animaba era imaginar ese público y sus preguntas. Ahora que las publico, el lector me resulta inquietante y difícil de imaginar. Ciertamente no espero dar ninguna lección a los ausentes. Me contentaría con alentar a otros a dilatar y enriquecer sus propias travesías. No encuentro una mejor forma de transitar.

Nota a la presente edición

HAN PASADO SÓLO 17 AÑOS DESDE LA PRIMERA EDICIÓN de este libro. Sin embargo, ese breve lapso parece un siglo, por usar esa expresión coloquial que alude a distancias abismales. Particularmente el contraste entre el ánimo augural de aquellos años y el amago constante que percibimos hoy.

Quizá sólo sea un efecto de la pandemia, pero tengo la impresión de que no habitamos el mismo mundo. Paradójicamente, al releer las conferencias para preparar esta nueva edición tuve la sorpresiva constatación de que la mayor parte de los cambios que caracterizan la actualidad estaban ya al menos sugeridos en ellas. Incluso la crisis de la posverdad que tanto nos afecta puede leerse como uno de los efectos de la multiplicación de usos y usuarios de la cultura escrita.

A esa multiplicación, iniciada hace más de tres mil años, debemos la cada vez más acelerada transformación del planeta: el antropoceno mismo, por decirlo brevemente.

En este ambiente de inquietud e incertidumbre, publicar esta nueva edición en la colección Ágora me causa una enorme alegría. Más que nada por volver a poner en la arena pública las obras y autores que alimentaron el libro. Ellos nos permiten distanciarnos de lo inmediato y no sólo comprender que crisis como las que vivimos hoy tienen relación con procesos y ambivalencias derivadas de la invención y expansión de la cultura escrita, sino también tomar postura al respecto, actuar en los espacios privados y públicos. Ninguna inquietud tiene mayor relevancia hoy que determinar si la palabra escrita clausura o abre posibilidades para el diálogo. Su mera publicación es una apuesta por la apertura.

Agradezco la atención y el cuidado de un extraordinario editor, Pablo Martínez Lozada.

México, febrero de 2023

Los días y los libros

AUNQUE MI PASIÓN POR LOS LIBROS SE HA HECHO CADA vez menos compulsiva, aún hoy me es difícil imaginar un placer más completo que la lectura. Los libros siempre han estado cerca de mí como una promesa, como una puerta, como un cofre. He vivido rodeado de libros toda la vida. Me es difícil imaginarme sin ellos, y desconfío de una casa en la que no los haya.

Mi padre fue bibliotecario y, además, un lector asiduo. Por azares del destino, mi madre —que nunca fue una lectora constante— terminó trabajando como bibliotecaria escolar. En mis casas siempre ha habido libros y en la de mis padres, más que los propios, lo que se leía eran los prestados por la biblioteca. Por todo esto sé que estuve ligado a los libros desde mi infancia, aunque dudo que haya tenido una relación muy estrecha con ellos antes de estar en una edad lectora. Durante años sólo fueron objetos yertos que ocupaban un lugar en la sala y, más molesto que eso, que hurtaban la atención de mi padre.

Si trato de recordar algún libro de esos primeros años sólo me vienen a la mente tres títulos: primero, el *Libro del año Barsa* correspondiente a 1960, muy pocos de cuyos textos alguna vez leí, a pesar de que el volumen me acompañó por años. Durante largas mañanas de aburrimiento (siempre fui un niño que se aburría) contemplé sus fotos con pasión: el hombre más alto del mundo, los autos para la futura década, una familia con 16 o 18 hijos, todos en línea, Laika, la perra rusa que fue lanzada al espacio en un viaje sin retorno. Quizá me inicié en la lectura recreativa leyendo los pies de fotos de ese libro después de haber repetido hasta el cansancio las estúpidas aliteraciones con las que me enseñaron a leer.

Otro libro que recuerdo de aquella época es un título en hebreo con fotografías en sepia y negro sobre una niña, un niño y un... no sé bien qué animal. Sé que nunca lo leí pues estaba en hebreo, y por eso quiero suponer que lo que supe de él fue porque mis padres me lo contaban, aunque sólo recuerdo a mi madre haciéndolo. Creo que era una historia triste (y me engolosinaba con la tristeza), pero no la recuerdo. Tal vez sólo me fue relatada pocas veces y después yo la recreé libremente, contemplando las fotografías.

El tercero de los títulos que recuerdo era un libro muy grueso con el que mi madre estudiaba inglés, mientras mi hermana y yo íbamos al jardín de niños. Debía de ser una colección de lecturas. En una parte había también un juego con ilustraciones que se movían. No recuerdo en absoluto la historia, pero tengo muy viva la imagen de mi madre sentada en su cama con el ejemplar en sus piernas. Mi hermana y yo le pedíamos que moviera el cinito. Probablemente en ese libro también (o si no en algún otro de sus cursos de inglés) había un texto que hablaba de la conquista del Everest. Aún puedo recordar las imágenes de Edmund Hillary, su barba perlada por sudor congelado, y revivir nuevamente la fruición con la que nos gustaba volver a su sufrimiento. Probablemente también es de esa época aún no lectora un libro publicado por Daimon sobre aventuras en el zoológico. Eran muchos cuentos en los que los personajes eran distintos animales recluidos. Puedo recordar con nitidez las fotografías en blanco y negro, y mi identificación con un chimpancé, pero he olvidado los cuentos. Sé que mis padres nos los leyeron varias veces.

Pese a su formación de bibliotecario mi padre, el principal lector de la casa, no solía leernos clásicos de la infancia ni acercarnos a ellos. Tal vez porque la suya fue dura y poco rodeada de afecto. Los cuentos clásicos de Andersen, Perrault o los Grimm me llegaron, pero no sé cómo. Dudo que haya sido a través de libros. En cambio, mi padre nos leía *El libro de las tierras vírgenes* de Rudyard Kipling. Era una hermosa edición con muy contadas ilustraciones. De la trama de este libro también es muy poco lo que quedó en mi memoria. Sin embargo permanecieron los nombres de sus personajes: Akela, Mowgli, Kaa. Aquélla fue una lectura compartida con mis hermanos, quizá por esto tuvo tanto peso. Para mí era como una ceremonia en la que pactábamos un armisticio temporal para escuchar a mi padre. Hoy pienso que no sólo me gustaba el relato. Me encantaba sentir de otra manera la presencia de mi padre. Al leer en voz alta se expandía hacia un territorio inhóspito, lejano y tentador, que era desde donde nos hablaba. Su figura crecía aún más porque intuía que nos leía algo importante para él por alguna razón nunca explicitada y que, como tantas cosas, se llevó a la tumba. Su voz nos abrigaba y hacía que el pesado silencio que envolvía su figura, y tanto me oprimía, se hiciera habitable.

Tiempo después, ya lector, por ese mismo sendero me interné en la literatura buscando su afecto y siguiendo las lecturas que me recomendaba, los sábados, en la biblioteca del deportivo de la que él había sido bibliotecario fundador. Seguro intentaba una vía de acercarme a él, de pugnar por un salvoconducto para habitar el mundo que sólo su reconocimiento me podría dar.

En esas mañana de los sábados entraron verdaderamente los libros en mi vida, pero la distancia con mi padre nunca se franqueó. Las lecturas ampliaron mi mundo y me dieron nuevos rincones para esconderme. *Belleza Negra, Huckleberry Finn* y *Tom Sawyer, La cabaña del tío Tom, Príncipe y mendigo, Ivanhoe, Sin familia*; este último me conmovió más que ninguno. Aunque no retuve su trama, sé que el derroche de tristeza y sufrimiento causaban gran deleite en mí. La identificación con el personaje me separaba de mi identidad real, pero me dejaba ver la verdadera naturaleza de mi sensación de estar en el mundo. Al leerlo me vengaba de mi entorno. Puedo recordar esas vivencias que podrán parecer elaboradas posteriormente. Quizá lo sean. Pero su germen viene de entonces: dardos que se clavaron en mi alma y se han ido cicatrizando.

Una de las vivencias constantes de mis lecturas de ficción desde niño ha sido la multiplicidad de planos en donde éstas acontecen. Hay por lo menos tres. En el primero domina el interés por la trama, la ansiedad por averiguar su desenlace. Otro en el que, de reojo, presto atención a las emociones que ésta me provoca. En un tercero, espontáneamente van apareciendo imágenes surgidas como del sueño: un niño con un hato a la espalda y un perro a la vera (*Sin familia*), las callejuelas de Londres (*Príncipe y mendigo*), un niño astroso con el pantalón rabón y sombrero de paja (*Tom Sawyer*)… No retengo casi nunca las tramas que con tanto ahínco he buscado desentrañar. En cambio, sí conservo las emociones que me provocaron mis lecturas y, sobre todo, retengo las imágenes que se formaron en mi mente al leer. Por eso no deja de asombrarme mi escasa afición por los libros con imágenes durante mi infancia. Paradojas de la vida de un editor de álbumes para niños.

En la biblioteca que frecuentaba había varios títulos que se repetían en diversas colecciones. En una de ellas el texto corrido se complementaba con una parte en cómic. Ésa era la que menos me gustaba. Me parecía que violentaba la lectura. Había otros que tenían cantidad de dibujos y poco texto. Yo siempre prefería las de mucho texto y pocas imágenes. Las ilustraciones pocas veces me parecían del mismo valor que las palabras, creo que ni siquiera las relacionaba. No me recuerdo observándolas. El Sandokán que navegaba por mi mente era más vigoroso que las viñetas.

El único gozo que las ilustraciones me brindaban era un descanso, un premio y un hito en la lectura. Eran una forma de medir mi esfuerzo y, como premio, una manera más rápida de pasar páginas. Ya padecía la eterna disyuntiva que sufrimos todos los lectores: querer acabar rápido el libro y desear que nunca termine. Quería devorar los libros, aunque sabía que no había mayor deleite que quedarme en ellos. Quizá por eso me hice aficionado a las series: una manera de resolver ese conflicto sin solución.

La sección de libros infantiles en el deportivo estaba clasificada por colecciones. Todos los sábados yo repasaba los estantes e iba agotando las sagas. La de Tom Sawyer y Huck fue la primera. Después vino Salgari con Sandokán. Habré leído 12 o 14 libros gruesos cuyas tramas (nuevamente) se borran de mi memoria. Luego vino el ciclo de Verne. Traven fue el primer autor que leí con ganas de agotarlo, animado por una temprana lectura de *Puente en la selva*, que quizá fuera reforzada por algún comentario sobre la enigmática vida de su autor. Leí azorado esa maravillosa novela que acontece en una sola noche en plena selva chiapaneca. Como un homenaje a la profunda huella que dejó esa lectura, años después decidí publicarla entre los primeros títulos de la colección de narrativa para niños y jóvenes A la orilla del viento. Traven jamás pensó que ese libro estuviera destinado para niños, me confesó su viuda el día que fui a visitarla para contratarlo. Luego leí *Macario, Canasta de cuentos mexicanos, La rebelión de los colgados* y otros. No todos logré acabarlos.

En quinto año de primaria compré por primera vez un libro con mi dinero. Era el *Diario del Che en Bolivia*. Lo compré porque en un estante del supermercado Aurrerá leí un fragmento que decía algo así como: "13 de febrero, día de pedos, vómito y diarrea". Había visto las fotos del cadáver de Guevara en el periódico *Excélsior*, al que estábamos suscritos en casa. Me pareció que era importante leer su diario. Ya para ese entonces leía el periódico casi todos los días. Supongo que en parte era para perder un poco el tiempo, para participar de una situación y para creerme un poco más importante. En sexto año leí *Summerhill* y quise viajar a Inglaterra para ingresar a esa escuela. Había decidido dejar atrás la infancia, que pocas alegrías me había dado. La senda de los libros se prestaba como una buena forma de crecer y hacerse respetar.

En esa época, frecuentaba la biblioteca de la escuela y sacaba muchos libros que no terminaba de leer. Me gustaba que la bibliotecaria me dijera que eran lecturas para adultos. Leer se había convertido en una fuente de prestigio social. Leía sobre todo los sábados en la mañana, no recuerdo lecturas nocturnas ni vespertinas. Durante muchos sábados leí con pasión *Los miserables*. Me la había recomendado mi guía en el Hashomer Hatzair, la organización sionista socialista a la que asistía. Él nos relataba cada sábado en la tarde un capítulo, a veces yo iba adelante, otras me rezagaba. Nunca un placer anuló al otro.

Supongo que aquí empezó el placer que más claramente definió mis lecturas de adolescencia (y que aún hoy considero uno de los fundamentales): compartirlas. Los amigos comenzaban a ser fuentes de recomendación, había que leer para participar en las conversaciones. Yo seguía leyendo más por tener otra vida que por aprender algo para ésta.

Recuerdo con claridad la lectura de *Las noches blancas* de Dostoievski durante un viaje que hicimos cinco amigos a Centroamérica. El libro es bastante pequeño y después de varios viajes en autobús, todos lo habíamos leído. Cuando concluí la lectura, un amigo me preguntó si estaba de acuerdo con la tesis que el autor sostenía. Aunque la novela era una defensa de la tesis que se explicitaba en el párrafo que acababa de leer hacía unos instantes, hasta ese momento yo no había asimilado que de los libros había que sacar conclusiones. Vivía lo que el autor me obligaba a vivir, me borraba a mí mismo con la intensidad del relato. Era suficiente. Recuerdo la desilusión que me provocó tener que alejarme de la vivencia para argumentar. Aún hoy, que he aprendido a distanciarme e interpretar textos literarios, me parece que hacerlo es un esfuerzo gratificante, pero no tanto como desaparecer. Mi deseo es perderme en ellos, olvidarme de mí y de mi entorno. A menudo siento que nada puede ser más pleno, salvo la música y ciertos momentos del amor. Aunque lo repruebe desde una posición teórica o política, aunque haya deseos paralelos, desaparecer en la lectura es el más intenso de todos.

En la escuela preparatoria aparecieron tres cosas fundamentales que complejizaron mi relación con los libros. Leí los primeros volúmenes de ensayo, que eran forzosamente para distanciarse y pensar, pero sobre todo para discutir. La realidad empezaba a presentarse como un terrible engaño que había que des-cubrir. Pero también semejó un misterio a celebrar: los primeros amores surgieron junto con mi afición por la poesía. Leí también la estupenda colección de poesía de la editorial Joaquín Mortiz, en el jardín de la biblioteca, en los pasillos de la escuela, en los autobuses públicos y en la casa. A menudo en voz alta. Al revés que con la narrativa, dominada por el ansia de la trama, aquí el placer era retornar. Jamás avanzar. De hecho, aún hoy rara vez leo un libro de poesía de principio a fin. Abro una página, abro otra. Vuelvo al poema que leí veinte veces. La lectura de poesía de aquella época, como la música que escuché y la pintura y el cine que vi, marcaron mis gustos. Los puedo volver a leer y hallarles nuevo sentido o seguir sin encontrarles ninguno, y los más intensos no dejan de atraerme. Ahí está el centro de mis vivencias más profundas, la sensación de que el tiempo es un engaño, la dificultad de avanzar en el eje sintagmático, como diría Jakobson.

También data de esa época la inquietud por escribir, que en esos años comenzó a socializarse. Asistí al taller de poesía de Alejandro Aura en la Casa del Lago. Escribía y leía para que me criticaran. Leía a los compañeros. Leía para ampliar mi escritura. Leía, y escribir era una ampliación de la lectura. Quizás hubiera preferido que la relación entre ambos actos no fuera tan inmediata. Me habría gustado leer simplemente por el placer de hacerlo, de recordar y conversar. Pero desde que empecé a escribir con alguna seriedad ese placer no me fue concedido y apareció un cuarto escenario: el texto paralelo, el gusanito que despierta y quiere tejer su propia red.

Para ser justo, debo decir que también cuando escribo muchas veces quiero levantarme a leer. En ese ir y venir de la escritura a la lectura y viceversa, ambas actividades se han transformado, han perdido un encanto y han ganado otros. Han perdido el de la ingenuidad y la inocencia; han ganado los de una comprensión más profunda de sus leyes. Quizás a partir de esto se ha hecho menos compulsiva mi relación con ambas y con los objetos en que ambas parecían centrarse: los libros.

Hoy, leer y escribir me parecen dos formas del pensamiento, de la comunicación, pero sobre todo de crear el mundo y estar en él. Me interesa más la relación de estas dos formas del pensamiento con ese estar y, más que el objeto libro, el sujeto que lee. Tal vez porque me he dado cuenta de muchas ruindades que se pueden ocultar con ellos, por la inutilidad de acumularlos (aunque me siga gustando comprarlos y poseerlos), de la banalidad de leerlos sin hacer una propia lectura. Sé que es una actividad muy íntima, por esto tiene límites. No se puede leer todo. No se puede leer siempre y a veces es difícil hacerlo.

Al principio de este texto hablé de los libros como promesas, como puertas, como cofres. No de los libros como invitación al viaje, ni como un viaje en sí mismos. Cuando a los 19 años dejé México cargando una mochila con dos mudas y veinte kilos de libros supe que esa invitación podía incidir en la realidad. Viajé a Europa por haber leído a

Nietzsche, a Cortázar, a Breton. Al llegar a París, la ciudad me pareció conocida. Había llegado antes con los libros. Pero nunca se cumplió lo que esperaba al leerlos. De hecho, pocas veces las promesas se han cumplido, las puertas se han traspasado o el cofre me ha permitido llegar al verdadero tesoro.

Cuando lo he logrado, la completud ha sido efímera. Por eso considero que la dimensión que abren los libros es la de la incompletud acompañada de la promesa de calmarla. La trampa que nos ponen es que sólo se puede llenar con su propia materia, el lenguaje. ¿Por qué sigo tan atado a ellos si sé que son una trampa? Tal vez porque con y por ellos he entendido algo inherente a nuestra condición: que nuestra única tierra es volátil y esquiva, que nuestra única manera de arraigar es movernos, desintegrarnos en ella, como el polvo. No ser de nadie, no tener sentido y no poder dejar de producirlo.

La paternidad y los libros

0

¿QUIÉN O QUÉ ES ESE EXTRAÑO QUE EMERGE DESDE LA profundidad provocando en mí tal desconcierto y, al hacerme ver como un extraño, simultáneamente me ofrece su hospitalidad? Si no fuera porque es mi hijo, si no fuera porque es mi voz…

Ligando imágenes y recuerdos, exploro una ilusión antigua y poderosa: la asociación entre los libros y la paternidad, apuestas por la permanencia avaladas por la *dóxa*: "sembrar un árbol, tener un hijo, escribir un libro".

1

Muchas personas me comentaron sobre la intensidad del primer encuentro con un hijo, pero sólo mi amigo Mauricio Merino me habló de una experiencia tal vez más fuerte, aunque sin duda menos glamurosa, que acompaña ese primer encuentro: la extrañeza.

Y así sucedió. De súbito, cuando me encaminaba a la sala de partos, comprendí la singularidad del encuentro que estaba a punto de acontecer. Era la primera vez en la vida en la que, antes de conocer a la persona que habría de encontrar en pocos minutos, podía estar seguro de que estaba por iniciar una relación para toda la vida y aun después.

Y, sin embargo, cuando tuve en los brazos a Gabriela, descubrí que estaba ante un extraño mucho más extraño que cualquier desconocido, pues ni siquiera podía comprender su lenguaje, por llamar de algún modo a su llanto, sus gestos y sus quejidos. "¿Qué quiere? ¿Qué está tratando de decir? ¿Está diciendo algo?", me pregunté, como se han preguntado millones de padres antes y después de mí.

Ante mí se abría un horizonte llano. Debía comenzar a construir todo, pero, antes que nada, debía aprender a comunicarme con ella. Pero ¿era sólo eso?

2

Lo más obvio sería suponer que el extraño era la pequeña criatura que lloraba, gemía o sonreía, en un acelerado proceso de aprendizaje, y que tan pronto yo conociera sus diferentes maneras de expresar deseos o malestares el asunto estaría resuelto o al menos encaminado. Pero en realidad la cuestión era mucho más compleja. Esa pequeña criatura ya ejercía su poder sobre mí. A raíz del encuentro yo me había convertido en un extraño para mí mismo.

El nacimiento de un hijo es un re-nacimiento: uno re-vive, re-cuerda, re-torna. Aun incapaz para sobrevivir por sí mismo, el niño recién nacido tiene sin embargo la fuerza para re-ubicar al adulto en un lugar desde donde éste observa de una manera inédita su pasado y su futuro. Uno se des-conoce y re-conoce a otros, se re-conoce en otros. En gestos, personas, episodios olvidados o, ahora lo descubre, incomprendidos.

Uno sale en busca del hijo y se encuentra a los padres, y cuando va en busca de éstos se encuentra consigo mismo a la mitad del camino entre generaciones, como un eslabón en una cadena interminable que se sumerge en el olvido. Y descubre que es sólo una imagen sujeta a infinitas interpretaciones. Como la escritura.

3

¿Quién no ha intentado resarcir heridas antiguas y secretas al tener un hijo? ¿Quién no ha procurado evitarle al hijo penas o sufrimientos inútiles?

La llegada de un niño está cargada de ansiedades y anticipaciones. Lo que uno quiere hacer con él y por él. También, y con no menor intensidad, lo que uno quiere evitarle. Por eso cualquier padre cuida los gestos, las acciones y las palabras con tanto esmero. Como cuando uno ha comprado un hermoso cuaderno de papel fino y delicado y se dispone a usarlo. Y aún peor, porque con un hijo uno ignora si las cosas permanecen o se borran.

4

¡Qué golpe terrible cuando uno descubre que los hijos recuerdan las cosas que uno habría querido que borraran, olvidan aquellos gestos que uno cuidó con meticulosa atención, o leen los acontecimientos de manera diversa y aniquiladora! Por mucho que la cuide, por mucho que se esmere, la historia que uno construye con otro será otra historia, la del otro, y la oportunidad de re-escribir la propia historia. Como el texto que uno publica, será uno y distinto para cada uno de sus lectores.

La escritura me asegura permanecer siempre, mudando, cambiante y reinterpretado. Más que nada, agrega una nueva disponibilidad al mundo.

5

¿Cuántas veces antes, cuántas veces después le leemos en voz alta a alguien todos los días? En nuestro tiempo, la imagen de la lectura en voz alta está ligada a las vivencias familiares: un adulto con un niño en las rodillas. Con un brazo sostiene un libro, con el otro abraza al hijo. Se hace un círculo que acoge a una voz que viene de lejos, de muy lejos. Aunque sea la misma que a lo largo del día ha marcado límites y nombrado la cotidianidad, ahora resulta remota.

El círculo es un resguardo y una ventana. Dar a leer es abrir un espacio que fractura el tiempo regular, que da serenidad, que permite la llegada de viento fresco en la habitación. También y fundamentalmente, es dar poder a otro para que sea otro, en un doble sentido: diferente de nosotros y diferente de sí mismo. Y uno es, y uno es siendo, y uno es dejando ser y dejando de ser.

6

Muy temprano se manifiesta la autonomía en la relación de los niños con los libros. Pienso por ejemplo en la selección de lecturas. Todo adulto tiene ideas (a menudo inseguras y con frecuencia contradictorias) acerca de los libros pertinentes para los niños. Los niños también las tienen (con frecuencia mucho más claras y menos conflictivas que las de los adultos). Los especialistas solemos tener ideas más o menos fundadas acerca de sus predilecciones. Pero siempre hay algo sorprendente en sus elecciones. Y cuando pasa algo verdaderamente importante con la lectura, uno no escoge el libro, sino que es escogido por él.

Sólo el padre que propicia el libre acceso de los niños a los libros conoce la extraña experiencia de ver a su hijo escogido por un libro, como si cumpliera un secreto designio impreso en sus páginas. Por ejemplo, cuando un niño desea volver una y otra vez a un texto. A diferencia del adulto que parece anhelante de nuevos libros, al pequeño le gusta repetir, tal vez porque el mundo siempre es nuevo y, frente a esta novedad, la repetición del texto brinda una seguridad, mientras que al adulto lo nuevo le da la ilusión de un cambio.

Pero por mucho que uno lo intelectualice y empatice, la repetición de un texto que ha escogido a tu hijo puede ser una pesadilla. Más cuando no compartes su gusto.

7

Tal vez para evitar la pesadilla de releer la horrenda traducción de un texto danés espantosamente ilustrado que había *escogido* a Gabriela, durante una temporada abandoné la lectura de libros y comencé a relatarle a mi hija cuentos de mi propia invención, por llamar de alguna forma a los precarios relatos que improvisaba a partir de vestigios de otros mal recordados.

Nada me impresionó más que la atención generosa que le brindó mi hija a esas historias maltrechas: no podía comprender cómo relatos tan anodinos le gustaran. Por eso, una noche me propuse llevar la situación al extremo.

Empecé por introducir palabras extrañas, sin ninguna relación con el relato y que estaba seguro de que ella no podía conocer. Las noches siguientes fui incrementando la presencia de esas palabras hasta hacer de los cuentos ridículas ilaciones de términos incomprensibles para ella y para cualquier adulto que me escuchara, incluido yo mismo: "La hipotenusa hipostasiaba eucarísticamente algoritmos circunflejos y vicarios".

Probablemente el propio ritmo de mi narración era una música de piedras y herrumbre, pues tropezaba a cada rato para tratar de no transgredir las únicas reglas que me había impuesto: que nada tuviera sentido y que el relato estuviera compuesto de palabras extrañas e inconexas. Al terminar cada narración, le preguntaba si le había gustado el cuento y si quería otro. Todas las noches que mantuve esa extraña ceremonia, la respuesta fue igual: "Sí".

¿Qué se llevaba al sueño Gabriela? ¿Qué experiencias de sentido? ¿Cómo comprendía y procesaba esos cuentos? Lo ignoro. Una voz entonaba en un ritmo fragmentado y pobre un relato absurdo, pero ella dormía contenta.

Muchos años después aún me pregunto por el sentido de esa experiencia extraña, un secreto entre nosotros dos que acaso repite y actualiza un misterio arcano: la fascinación por la voz. Después de todo es una voz, silenciosa si se quiere, pero una voz al fin, la que nos acoge en los textos.

8

¿Quién o qué es ese extraño que emerge de las profundidades provocando en mí tan profundo desconcierto y, al hacerme ver como un extraño, simultáneamente me acoge, me ofrece su hospitalidad? "Habla y escucha", parece decirme: "Permanecerás a condición de que siempre mantengas esa cadena que siempre va y nunca regresa. Serás extranjero, pero tendrás resguardo ahí donde se repita esta voz que te expulsa de ti y te acoge".

9

Sin duda al contar cuentos uno ofrece a los niños un arsenal de vivencias y personajes para jugar a vivir. Son como tabiques con los que construirá casas, ciudades y avenidas donde habitar y por las que transitar. Pero tal vez lo decisivo durante esos años no son los tabiques sino la argamasa con la que éstos se sostienen.

Tal vez antes que la historia, antes que los personajes y episodios que podamos conjugar, esté la voz que no sabemos nunca de quién es, de dónde habla, ni a quién, que se desvanece al aparecer y, sin embargo, siempre está ahí. La voz que es y no es nuestra, y que en cada persona es tan singular como las huellas digitales.

10

Tal vez el horizonte de la lectura sea sólo eso: un horizonte, una línea lábil donde se pone o sale el sol, donde nacen, mueren o renacen la claridad y la noche. Y uno es la noche y es el día. El extraño desamparado y el que acoge y resguarda, y también la casa donde se da ese encuentro. Y uno no es nada de eso y es alguien que busca una voz que lo nombre y le haga hospitalario ese territorio vasto e indiferente al que llamamos mundo.

La invención del niño

Digresiones en torno a la historia de la literatura infantil y la historia de la infancia

Leer y escribir antes y después de Babel

EN EL PRINCIPIO FUE EL VERBO. POR LO MENOS ÉSA ES LA idea que, transmitida durante siglos por la tradición judeo-cristiana, le dio a la palabra y a todo acto de lenguaje un valor seminal y trascendente que rebasa el plano de la mera expresión.

Tal como relata el Génesis, Dios crea el mundo mediante sucesivos actos de lenguaje. "Y dijo Dios: Sea la luz, y fue la luz" es el primero. Prosigue de manera similar con el agua, la tierra, los vegetales y animales que la pueblan. Tras cada creación, Dios contempla sus obras, ve que son buenas y entonces les da nombre.

Sólo con el ser humano, su creación final, establece un ritmo diferente. Creado a imagen y semejanza del ser divino, el hombre participa en la creación del mundo, nombrando:

> Jehová Dios formó, pues, de la tierra toda bestia del campo y toda ave de los cielos, y las trajo a Adán para que viese cómo las había de llamar, y todo lo que Adán llamó animales vivientes, ése es su nombre (Génesis 4: 21).

Adán asigna un nombre a todos los seres vivos. Estos nombres, a su vez, son una delineación exacta y total de su propia esencia. No cabe ocultación alguna, y mucho menos falsedad. En el lenguaje adánico no hay sombras ni ambivalencias.

> Ese esperanto adánico —dice George Steiner— era tautológico con respecto a la verdad y al mundo. Es decir, los objetos, las condiciones de percepción y predicación que se encontraban en la realidad correspondían exactamente, punto por punto, como en una ecuación, a los términos usados para nombrarlos y describirlos.[1]

Tal vez por esa primordial univocidad del lenguaje, mientras hablaban una sola lengua, los hombres pudieron plantearse construir una torre y rivalizar con el poder divino al acceder a sus alturas, como se puede colegir en el enigmático y breve relato del capítulo 11 del Génesis.

Pero no sólo en la tradición judeocristiana perdura la memoria de una lengua única, prístina y original. Steiner nos dice que los antropólogos y los etnógrafos apenas encuentran una comunidad étnica en la que no haya reminiscencias de la existencia de una lengua primordial de la cual el hombre fue escindido brutalmente.

Sea por la osadía humana de levantar una torre en la llanura del valle de Sinar, o por el sacrificio de algún animal sagrado, como señalan algunos pueblos amerindios, o por cualquier otra transgresión, las diferentes culturas guardan en su memoria ancestral el recuerdo de un desastre inaugural que hace estallar esta lengua primordial en una infinita multiplicidad de idiomas: veinte mil lenguas diferentes, dispersas a lo largo del planeta.

---

[1]   George Steiner, *Errata. El examen de una vida*, trad. de Catalina Martínez, Siruela, Madrid, 1998, p. 108.

Nunca más volverá el hombre a hablar una sola lengua. Nunca más estará en condiciones de entenderse con todos los otros hombres. Cada lengua establece un recorte singular sobre la realidad. No hay equivalencias exactas. Toda traducción es simultáneamente traición y recreación.

Tal como nos ha llegado, el relato de Babel supone implícitamente que la humanidad entera, unida por un propósito común y por una lengua compartida, pudo efectivamente acceder a ese terreno reservado al ser divino, algo imposible después del castigo, como también resultará imposible a partir de entonces establecer un propósito común. Pero el relato no aclara si el castigo es la multiplicación de las lenguas o la disolución de aquella primera vinculación diáfana entre la palabra y la realidad.

Lo cierto es que después de Babel hablar es usar un instrumento equívoco, pues ninguna lengua mantiene la transparencia de la lengua adánica. Ésta es la raíz de la confusión que signará de ahí en adelante la comunicación entre los hombres (recordemos que el término Babel proviene de la raíz hebrea *balal*, que quiere decir "confundir"). Si la confusión solamente fuera provocada por la multiplicación de los idiomas, su dimensión sería notoriamente más reducida. Pero es un fenómeno que se da en el interior de cada lengua, pues el lenguaje no es sólo un instrumento de comunicación, sino una fuente de malentendidos, de ambivalencias, de oscuridades y equívocos. No hay palabra, no hay frase, desde luego no hay texto que pueda ser entendido de la misma forma por todos y cada uno de los hablantes o lectores de una lengua particular. Alguien dice o escribe algo e inevitablemente el que escucha entiende otra cosa, pues el lenguaje está cargado de historia, impregnado de afectos, de resonancias, de recuerdos. Cada idioma es una corriente infinita y perpetuamente cambiante, sujeta a múltiples tensiones: por aprehender la realidad, por acotar sentidos, por vencer lo innombrable, por expresar los sentimientos, por aclarar lo turbio o ambivalente.

Lo grave es que el hombre requiere del hombre para vivir y que para convivir con sus semejantes necesita, indefectiblemente, del lenguaje. Estamos condenados a perpetuar un drama porque nuestro instrumento es precario y equívoco: hay una Babel en el interior de cada idioma. La palabra es el sitio donde se escenifica una disputa continua y soterrada entre nuestras diferentes apreciaciones del mundo, una lucha por interpretar y crear la realidad y por participar en ella. Con esa herramienta precaria y compleja, con ese instrumento esquivo, a la vez oscuro y luminoso, los hombres posbabélicos levantamos diariamente torres más humildes que la pretenciosa torre de la llanura de Sinar; construimos la comunidad donde vivimos, el hogar donde mutuamente nos consolamos y reconfortamos, la plaza donde buscamos y encontramos sentido.

¿Cómo podemos construir con un instrumento tan lábil? ¿Cómo hacemos para que no se derrumbe todo lo que con él edificamos? Sólo hay una respuesta: hablando, escribiendo, leyendo; es decir, generando nuevos encuentros y desencuentros, choques y enfrentamientos, sucesivas aproximaciones a un sentido común, a un espacio simbólico que envuelve la totalidad de nuestra vida.

Sea cual fuere la validez y universalidad del mito babélico, no podemos negar que las más diversas culturas conservan vestigios del estado inaugural del lenguaje, corrompido luego por la historia. El respeto que diferentes lenguas y culturas le brindan a la palabra, y en particular al arte de nombrar, denota con claridad la suposición de una relación profunda entre la palabra y la cosa. Borges ilustra esto en un poema memorable:

> Si (como el griego afirma en el *Cratilo*)
> el nombre es arquetipo de la cosa,
> en las letras de *rosa* está la rosa,
> y todo el Nilo en la palabra *Nilo*.

Para todas las culturas dar nombre es reconocer un destino o definirlo. En muchos pueblos la relación con el nombre es tan profunda que cada persona debe tener un nombre secreto que no pueda ser pronunciado por nadie.

Pero no sólo al dar nombre reconocemos la consustancialidad de la palabra y lo real: *mal-decir* es intervenir en la suerte de un ente para causar su daño. *B(i)en-decir* es protegerlo. Y podríamos reunir muchas expresiones que remitiesen a esta vinculación entre la palabra y lo real.

Cuando la palabra es también un cuerpo, cuando se convierte en escritura, la presunción de su poder es aún mayor. Por eso en culturas como la árabe, la china o la judía hay una interdicción de escribir ciertos nombres. Y, en sentido contrario, también se usan palabras escritas como amuletos.

En la tradición judía, tal vez una de las que más ha trascendido la vinculación entre la palabra y lo real, la presunción del poder de la palabra no ha mermado por la catástrofe babélica. El término *dabar* designa simultáneamente palabra y cosa. No hay un término que las diferencie, ambas están inextricablemente unidas. La palabra tiene un valor ontológico. Quizá por eso el verbo *ser o estar* no se conjuga en el presente: cada sustantivo es. Si quiero decir "yo soy yo" debo repetir la palabra yo dos veces: *ani ani*. Sin duda por eso los antiguos cabalistas creían que el estado de zozobra del mundo se debía a la existencia de una errata en el texto bíblico.

También encontramos resabios del vínculo primordial entre la palabra y lo real en muchos hechos, costumbres y creencias que perduran hasta nuestros días: el respeto exacerbado hacia los libros; la prohibición de escribir en ellos, subrayarlos o incluso doblar sus páginas, también común hasta hace años en ambientes laicos. La actitud de muchos fanáticos al quemar libros contrarios a sus creencias revela que no sólo buscaban impedir que se leyeran: pretendían también limpiar al mundo de algo que alteraba profundamente su cauce "correcto".

Sin embargo, en nuestra concepción del lenguaje existe una vacilación. Hace muchos siglos que los hombres dudamos entre asignarle una cualidad ontológica a la palabra o contraponerla al ser o a la verdad.

Words, words, words. Palabras, sólo palabras, decimos con frecuencia, para calificarlas como instrumentos para engañar, para aplazar, para ocultar, ilusionar o aturdir. Por eso es común, y no sólo en nuestro país, escuchar frases como "Queremos hechos, no palabras".

Moscas muertas en el cementerio de una página, patas de arañas en un cuaderno o encarnaciones de la verdad en el papel, ¿qué son y qué pueden ser las palabras que encontramos en los libros? ¿Son el cuerpo del espíritu o conchas huecas? ¿Cómo son asimiladas por nuestro cuerpo, transforman nuestra conducta y alteran nuestras creencias? ¿Son tan poderosas como suponen los que entregan sus fatigas a la formación o multiplicación de lectores, los que dedican la vida a la defensa de los libros? ¿Cuál es el valor de la palabra escrita? ¿Depende de ser leída? ¿Puede la lectura transformar a un sujeto y hacerlo mejor, como suponen las campañas de promoción que animan gobiernos y entidades? ¿Cómo y por qué sucede esta transformación?

Lo que sigue es la tentativa de responder a esas preguntas a partir de una indagación acerca de la presunta relación entre dos historias: la historia de la infancia y la historia de la literatura para niños.

Descarto de antemano todo paralelismo fácil, la acomodación forzada de estas dos historias para hacer ver a cualquiera de ellas como resultado de la segunda. Sin duda esto nos llevaría a crear una ficción boba y presuntuosa. Entre otras cosas, porque los objetos de cualquiera de ellas —es decir: los niños y la literatura infantil— están muy lejos de ser objetos claramente definidos.

De la infancia al niño hablante

¿A qué llamamos infancia? ¿Al paraíso perdido, inocente reino del placer y el juego, o al infernal periodo de la vida donde no disponemos de poder alguno? Cuándo acaba y, sobre todo, cómo se vive y entiende esta etapa son cuestiones que varían en cada cultura y momento histórico. Los parámetros biológicos son apenas un asidero, pues incluso las cuestiones más animales como el destete o la edad de caminar son profundamente culturales.[2]

---

[2]   A este respecto, es interesante consultar los cuadros que aparecen en Lloyd deMause, *Historia de la infancia*, trad. de María Dolores López Martínez, Alianza Editorial, Madrid, 1982, pp. 66 y 87.

La literatura para niños también es un objeto complicado de recortar conceptualmente. ¿Debemos remitirnos, como algunos manuales lo hacen, a las nanas y los arrullos? ¿Comienza con la literatura oral y los cuentos de hadas? ¿Es literatura para niños todo lo escrito para ellos? Ninguna de estas preguntas se puede responder sin someterla a discusión.

Vincular la historia de la infancia y la de la literatura infantil es escribir la historia del sentido extraído por los niños a partir de la literatura, al tiempo que la historia del sentido que la literatura ha dado a numerosos gestos, a muchas vidas no rescatadas por ningún relato; vidas que debemos intuir a partir de indicios vagos, pues uno de los mayores problemas que enfrenta la investigación historiográfica en este campo es la enorme escasez de testimonios o fuentes históricas.

Desde luego debemos echar mano de la historia de la lectura, pero procurando que se convierta en una historia general de los usos del lenguaje que permita dar cuenta de dos continuidades habitualmente separadas: la continuidad entre el lenguaje escrito y el oral (dicho de otra forma, entre leer, escribir y hablar), y la continuidad entre el lenguaje privado y el público. Sólo así podríamos comprender históricamente el sentido del silencio y lo dicho, de lo compartido y lo escamoteado, de la forma en que las palabras escritas han ido cobrando cuerpo en los actos de niños y adultos.

¿Debemos contestar a qué literatura nos referimos cuando hablamos de la relación entre la historia de la literatura infantil y la de los niños? ¿Es preciso explicar si nos referimos a la lectura hecha por los menores de los libros expresamente creados para ellos, o a las apropiaciones hechas por los menores de otra literatura a su alcance? ¿No sería necesario preguntarnos también si estas apropiaciones se dan siempre a través de la lectura?

Me parece que, si queremos dar cuenta de la forma en que se constituyen los niños como sujetos a partir del contacto con la literatura, debemos poner el acento en la apropiación, y eso nos remite a un doble movimiento propuesto por Paul Hazard: la literatura robada por los niños, aunque no fuera escrita para ellos, y la literatura desechada por ellos, a pesar de que les fuera dedicada. Pues, como en todo proceso de definición de la identidad, tanto la apropiación motivada por el gusto como el rechazo son significativos. Desde luego no podemos olvidar que ambos se dan en una multiplicidad de prácticas culturales y no sólo en la lectura silenciosa de un libro.

La palabra *infancia* proviene del latín *infantia*, que significa literalmente "mudez". El infante es el *infans*, el que no habla (de *in-* 'no' y *fans*, participio activo de *fari*, 'hablar'). El proceso al que aludiré más adelante está directamente relacionado con la transformación de un sujeto que no habla (tal vez sería más correcto decir, al que no se escucha) en un sujeto al que se le reconoce el derecho a hablar y se le ofrecen condiciones para hacerlo. Es un largo proceso civilizatorio en el que aún estamos inmersos. Tiene sus orígenes en lo que Philippe Ariès llama "el descubrimiento de la infancia", es decir, el momento en que se comenzó a percibir la niñez como un estadio singular y se brindó un trato especial a los menores. Es un proceso largo en el que la escuela sustituye a la cohabitación como entorno de enseñanza y aprendizaje.

En este sentido podemos adelantar que la evolución de la literatura para niños ha pasado de ser una literatura infantil, es decir, una literatura para ser escuchada y acatada (no para hacer hablar) a una literatura para niños que busca o propicia el diálogo y la participación activa de los niños en el mundo.

Para comprender la definición "simultánea" de la infancia y la literatura para niños[3] es preciso atender los espacios en donde se establece el vínculo entre ambas, las estrategias y protocolos que los textos proponen, las formas en que se accede a los textos o relatos, las relaciones que éstos establecen o propician con otros discursos y entre los diversos actores sociales.

¿Es necesario recordar que lo que hoy parece obvio y natural: el acceso en la infancia a la lectura y la escritura, no fue siempre así, que durante siglos leer fue privilegio de unos cuantos, entre los que no se contaba a los niños ni a las mujeres; que no siempre el que sabía leer podía escribir, o viceversa; que el sentido de la alfabetización (por usar un término muy discutible) ha variado notablemente, por lo que es engañoso utilizar el mismo término para prácticas tan distintas como las de un clérigo del siglo XII y un lector de periódicos de nuestra época?

Desde su remota invención, la palabra escrita ha ido cobrando mayor relevancia en las prácticas sociales. Utilizándolas de mil maneras diferentes hemos ido transformando el sentido de actividades como leer y escribir. Al remitirme a la historia, me propongo situar las actividades de los que trabajamos en libros, niños y lectura en un horizonte más amplio: en la cultura entendida en su sentido más extenso.

---

[3]   "Definición simultánea" tal vez sea un término muy contundente para procesos tan complejos. En sentido estricto, la "invención" de la infancia antecede a la de la literatura para niños, que sólo en el siglo XVIII alcanza en sus soportes y formas modernas, aunque de manera muy limitada.

Lo digo claramente, reacciono contra dos actitudes persistentes: la primera es la segmentación, la compartimentación de la cultura y el enclaustramiento de la literatura para niños. El significado real de nuestra actividad sólo se puede comprender al ubicarla en el replanteamiento constante de las relaciones entre adultos y niños.

La segunda, tal vez más frecuente en el medio dedicado a la cultura para niños, es la ahistoricidad: juzgar lo presente como eterno, obvio, dado. Ésta es, paradójicamente, una forma de restarle trascendencia a la actividad de formación de lectores.

Para plantear con alguna claridad las líneas generales de esta discusión, voy a empezar por un cuento: el cuento de los cuentos de hadas.

El cuento de los cuentos de hadas

Con frecuencia los manuales reconocen los cuentos de hadas como punto de partida de la verdadera literatura para niños, e invocan una tríada de magníficas plumas: Charles Perrault, los hermanos Grimm y H. C. Andersen. De sus obras se ha alimentado el imaginario de millones de niños, y los bolsillos de no pocos editores o creadores de cine, radio y televisión.

En esta exploración me centraré en el primero. "Perrault no sólo fue el primer autor de cuentos, sino el primero en importancia que reconoció la existencia de un mundo peculiar para niños", dice Bettina Hürlimann en su clásica *Tres siglos de literatura infantil europea*.[4] Su obra, publicada en

---

4   Bettina Hürlimann, *Tres siglos de literatura infantil europea*, trad. de Mariano Orta, Juventud, Barcelona, 2.ª ed., 1982, p. 44.

1697 con el título de *Histoires et contes du temps passé avec des moralités* [Historias y cuentos del tiempo pasado con moralejas], antecede cerca de cien años a *Los cuentos para los niños y para el hogar* de los hermanos Grimm (cuyo primer tomo apareció en 1812) y por poco más a la obra de Andersen, cuyos primeros cuentos se publican en 1837. El solo hecho de que haya precedido tanto tiempo a los otros dos polos de nuestro triángulo de la eterna fantasía lo hace objeto de atención. Por esto, al analizar su irrupción inaugural, me he propuesto estudiar las tensiones que concita la creación de la literatura para niños.

Bruno Bettelheim, uno de los autores que más influencia ha tenido en la valoración actual de la literatura para niños, no parece dudar de la valía imperecedera de Perrault: "Todos los niños del mundo le deben algo, sus cuentos nos introdujeron en un universo encantado cuya magia nos permitió dar rienda suelta a la imaginación cada vez que, como ocurría con frecuencia, las dificultades de la vida real amenazaban con aplastarnos".[5]

Desde luego, Bettelheim sabe que Perrault no es propiamente *el inventor* de los cuentos. Que los ocho cuentos que publicó provienen de la tradición oral y que, como es el caso de la mayor parte de los cuentos de hadas, "su origen se pierde en la oscuridad que rodea a todos los grandes descubrimientos de los primeros tiempos de la humanidad". Pero supone también que si aún hoy niños y niñas, padres y abuelos se deleitan con historias como las de "La Caperucita Roja", "Cenicienta" o "Barba Azul", por ejemplo, es en buena medida porque este autor tuvo la osadía de

---

[5]   Charles Perrault, *Cuentos*, introd. de Bruno Bettelheim, trad. de Carmen Martín Gaite, Crítica, Barcelona, 1980, p. 9.

asegurar su supervivencia al introducirlas en el circuito de la alta cultura, redactándolas en prosa y no en verso (algo bastante singular en su momento, más aún por tratarse de un académico).

En su erudita investigación Bettelheim encuentra antecedentes de una historia del tipo de *La Cenicienta* en un texto escrito en China por un tal Tuan Ch'eng-shih. De hecho, de cada uno de los relatos se pueden rastrear versiones semejantes que datan de muchos siglos antes. Pero desde la perspectiva de Bettelheim su antigüedad no merma en absoluto su valía ni su actualidad, por el contrario. Si "seguimos creyendo hoy en ellos igual que en los albores de la historia de la humanidad, pueden considerarse tan modernos como el género que más lo sea", señala Bettelheim.[6]

Como tantos otros cuentos de hadas, los de Perrault hablan a los niños de hoy y de siempre acerca de sus temores más ocultos, de sus angustias más recónditas, de sus deseos escondidos. "No hay forma alguna de angustia que en cualquiera de los cuentos de hadas no se mantenga bajo una apariencia dramática, y por otra parte todos los cuentos nos prometen que acabaremos por liberarnos de nuestras zozobras… pues, mediante su final feliz, en ellos hallaremos la representación de nuestras esperanzas".[7]

La lectura de Bettelheim está marcada por dos constantes, íntimamente ligadas, que me interesa destacar. Por una parte, la continuidad de las más profundas estructuras psíquicas de los niños; por la otra, el carácter intemporal de su estructura literaria, al que aludí hace un momento. Quienes hayan leído la obra de Bettelheim saben cuán vehemente es

[6]   *Ibid.*, p. 13.
[7]   *Ibid.*, p. 16.

en su defensa del género, del valor de la fantasía en el desarrollo del niño, y cómo por esto precisamente se aparta de mucha de la literatura contemporánea dedicada a los niños.

Al repasar sus comentarios es fácil imaginar una larga continuidad de veladas en las que padres e hijos han compartido historias al calor de un fogón o en una habitación, el niño cómodamente arropado entre las cobijas de su cama, y el padre o la madre sentados a un lado, leyéndoles para facilitarles el sueño.

Sin embargo, cuando nos acercamos hoy a las versiones originales de Perrault, es difícil conciliar esa idílica imagen intimista. Y, más que imaginar sus efectos conciliadores del buen sueño en los niños, nuestra atención se detiene en la extraña familiaridad con la pesadilla que devela el autor.

Sangre a borbotones, violencia física y verbal, deseos perversos, crueldad, incesto, hambre y miseria se encuentran en ellos hasta decir basta, y son expresados de un modo tan crudo que harían palidecer a buena parte de las puericultoras, maestras y bibliotecarias encargadas de los programas de lectura para la primera infancia.

No hay ningún cuento en que no aparezca de manera clara alguna forma de crimen: antropofagia, homicidio alevoso, incesto y toda la gama de homicidios intrafamiliares: parricidio, matricidio, fratricidio y filicidio. Y por cierto, no siempre son cometidos por ogros: en "Piel de asno", el marido amoroso promete a su esposa agonizante que sólo se casará con la mujer que la supere en belleza e inteligencia, y permanece soltero pues nadie logra aventajar a la difunta… Claro, hasta que la hija de ambos crece y, como buena hija, supera a la madre en todas sus cualidades. Ése es el momento en que nuestra pequeña heroína debe huir ataviada con una horrible piel de asno para salvaguardar su integridad. O recordemos a nuestro querido Pulgarcito, héroe de los niños que alguna vez se vieron a sí mismos como pequeños seres indefensos, es decir, de prácticamente todos. El más pequeño y débil de siete hermanos abandonados por sus amorosos y compasivos padres,[8] que los quieren tanto que no desean verlos morir de hambre, es también el más avispado y con su ingenio logra engañar al esposo de la ogresa caritativa que le da asilo.

Si hoy encontráramos el relato de sus artimañas en un informe, nadie dudaría que el mozuelo debería ser enviado a un reformatorio, condenado por incitación al homicidio, robo y abuso de confianza, y no estoy muy seguro de que le valdría como atenuante alegar legítima defensa.

Para comprender cabalmente la obra de Perrault y su importancia en una investigación comparativa entre la historia de la infancia y la historia de la literatura para niños, debemos cambiar el escenario: alejarnos de una habitación placentera, donde un padre se acomoda a un lado de la acogedora cama de su hijo con un libro en la mano para darle las buenas noches, y colocarnos en uno en donde sencillamente no hay tal habitación y, sobre todo, la relación padres-hijos es diferente por completo de la que conocemos. Inicialmente porque la mayor parte de los niños de las ciudades no vivían con sus padres.

Lloyd deMause, un psicoanalista e historiador estadounidense, autor de una polémica *Historia de la infancia*, asienta el testimonio de Robert Penell, quien en 1653 se quejaba de que "mujeres de alta y baja condición acostumbraban a

---

[8]   Que no piense el lector que hay en mis palabras asomo de ironía. El abandono de los hijos era una práctica común y no revelaba forzosamente desamor.

enviar a sus hijos al campo, confiándolos a mujeres irresponsables", y señala cómo todavía en 1780, es decir, más de ochenta años después de la publicación de la obra de Perrault, según estimaciones del jefe de la policía de París, de los 21 mil niños nacidos cada año en esa ciudad, 17 mil eran enviados al campo con nodrizas, 2 mil o 3 mil llevados a hospicios, 700 criados en el hogar por amas de leche y sólo 700 eran criados por sus madres.[9]

Habrá pues que buscar por otros lados. Y en esto los historiadores no son malos consejeros.

Robert Darnton se ha acercado a los cuentos de hadas desde una perspectiva diametralmente opuesta a la de Bettelheim. En vez de verlos como una prueba fehaciente de la atemporalidad de las estructuras psíquicas profundas, ha encontrado en ellos fuentes de singular valía para el conocimiento histórico: "Los cuentos son de hecho documentos históricos. Han evolucionado durante muchos siglos y han adoptado diferentes formas en diferentes tradiciones culturales. En vez de expresar el funcionamiento inmutable del ser interior del hombre, sugieren que las *mentalités* han cambiado", escribe Darnton en su deslumbrador ensayo "El significado de Mamá Oca".[10]

Para comprender el significado de esta obra es necesario conocer las formas de difusión y socialización de los cuentos. Darnton señala dos: por una parte, las *veillées* o veladas, reuniones nocturnas junto a la chimenea, donde adultos y niños convivían, los hombres reparando sus herramientas

---

[9]   Véase DeMause, *op. cit.*, p. 64.
[10] Robert Darnton, *La gran matanza de gatos y otros episodios en la historia de la cultura francesa*, trad. de Carlos Valdés, Fondo de Cultura Económica, México, 1987, p. 19.

y las mujeres hilando, mientras escuchaban los cuentos que trescientos años después registrarían los folcloristas. Por otra, la convivencia entre clases motivada por la muy usual entrega de niños para crianza a nodrizas y nanas: "Toda la gente bien nacida pasaba su primera infancia con las nodrizas y las nanas los divertían, después de que aprendían a hablar, con *histoires ou contes du temps passé*, como Perrault los llamó en su portada, es decir, 'cuentos de viejas'. Aunque la *veillée* perpetuaba las tradiciones populares de las villas, las nodrizas y las sirvientas fueron el vínculo entre cultura del pueblo y la de la élite".[11]

Desde esta perspectiva, ¿qué nos permiten comprender de aquel mundo estos cuentos? ¿Por qué son tan valiosos como testimonios historiográficos?

Nos muestran el sentido de la vida, la forma en que concebían el mundo y se manejaban en él inmensas masas de analfabetos que han desaparecido sin dejar mayor huella, justamente porque no podían escribir. Estas masas son el sustrato a partir del cual hemos construido nuestro presente, por mucho que nos hayamos distanciado de ellas. Por eso conocer la forma en que vivían y concebían la vida nos permite comprender el largo proceso civilizatorio en el que aún estamos inmersos.

La condición humana ha cambiado tanto desde entonces que es difícil imaginar cómo era el mundo y cómo lo habitaban esos hombres. Darnton califica con tres adjetivos su existencia: sórdida, brutal y breve.

Así, desde la lectura que realiza Darnton, los cuentos provenientes de la narración oral, recogidos luego en la obra

[11] *Ibid.*, p. 71.

de Perrault, lejos de velar su mensaje con símbolos, retrataban al desnudo un mundo de cruda brutalidad, al mismo tiempo que establecían un espacio donde sus habitantes compartían o procesaban experiencias ordinarias. Insisto, estas prácticas que nosotros consideramos ilegítimas eran comunes y aceptadas.

En el siglo XVII, 236 de cada mil bebés morían antes de cumplir un año, en contraste con los 20 que mueren hoy. El 45% de los franceses nacidos en el siglo XVIII murieron antes de cumplir 10 años. Pocos sobrevivientes llegaban a la edad adulta antes de que muriera por lo menos uno de sus padres. Y muy pocos padres lograban vivir hasta el fin de sus años fértiles. Los matrimonios, que terminaban por muerte y no por divorcio, duraban quince años en promedio, la mitad de lo que duran hoy día en Francia. Un marido de cada cinco perdía a su esposa y se casaba de nuevo. Las madrastras proliferaban por todas partes, más que los padrastros, ya que la tasa de segundas nupcias entre las viudas era de una por cada diez. Aunque no fuera una carga excesiva para la alimentación de la familia, un nuevo hijo significaba a menudo la diferencia entre ser pobre o indigente. También podría ser la causa de penuria en la próxima generación, al aumentar el número de herederos, cuando la tierra de los padres se dividiera entre los hijos.

Toda la familia se amontonaba en una o dos camas y se rodeaba de ganado para mantenerse caliente. Por esto, los hijos se volvían observadores participativos de las actividades sexuales paternas. Nadie los consideraba una etapa particular de la vida, claramente distinguible de la adolescencia, la juventud y la edad adulta, por el estilo especial de vestir y la conducta. Los hijos trabajaban junto con sus

LOS DÍAS Y LOS LIBROS   49

padres casi tan pronto como podían caminar, y se unían a la fuerza de trabajo adulta como peones, sirvientes y aprendices en cuanto llegaban a la pubertad. Los campesinos de los albores de la Francia moderna habitaban un mundo de madrastras y huérfanos, de trabajo cruel y de emociones brutales, crudas, reprimidas.[12]

A la luz de estas observaciones, difícilmente podremos concebir que las desventuras y personajes de "El gato con botas", "La Bella Durmiente", "Pulgarcito" o "La Caperucita Roja" son imaginarios o proyecciones del inconsciente.

¿Podemos seguir sosteniendo que los cuentos representan simbólicamente los fuertes conflictos de la psique? ¿Es válido decir, con Bettelheim, que plantean las eternas preguntas filosóficas y suponer que las respuestas que dan son meras indicaciones; que sus mensajes pueden contener soluciones, pero que éstas nunca son explícitas?

Estoy convencido de que es cierto lo que él sostiene, si hablamos de los niños de hoy en buena parte de las grandes ciudades de Occidente. Pero dudo que los niños y adultos de antaño hayan encontrado soluciones a sus problemas, porque ellos los vivían como una consecuencia del universo descarnado que era su hábitat, no como un mensaje simbólico. Ciertamente, entonces como ahora, los cuentos, como otras creaciones culturales, revelan el paisaje a partir del cual los hombres construimos nuestras vidas. Pero las salidas que nos ofrecen son diversas, puesto que diversos son los problemas que plantea la vida.

En este sentido me parece más verosímil pensar, con Darnton, que para los narradores campesinos los cuentos no

[12]   *Ibid*, p. 36.

eran sólo un medio de diversión o entretenimiento, sino que ellos "creían que 'eran convenientes para pensar'. Los reelaboraban a su manera, usándolos para pensar. En ese proceso, infundían a los cuentos muchos significados, la mayoría de los cuales se han perdido hoy día porque estaban empotrados en contextos y situaciones que hoy no pueden recobrarse".[13]

Supongo que es claro que al contrastar ambas lecturas no me he propuesto medir la calidad lectora de estos dos autores. Ambas lecturas son profundas, coherentes y enriquecedoras. Pero parten de perspectivas diferentes.

Bettelheim, un psicoanalista, por cierto con extraordinaria sensibilidad literaria, habla de los niños de hoy y siempre, y pone el énfasis en lo que permanece en los relatos que en la actualidad conocemos como cuentos de hadas. Darnton, un historiador, nos muestra las profundas diferencias entre aspectos de nuestra vida cotidiana y la de las generaciones que nos precedieron, por ejemplo, las relaciones entre el mundo adulto y el mundo de los niños. Esta cuestión ya había sido estudiada por otros historiadores, pero no conozco ningún otro caso que haya utilizado como punto de partida la literatura para niños.

Por desgracia, Darnton no nos revela cuál es la relación entre la creación, difusión y propagación de la literatura para niños y las transformaciones que se llevaron a cabo en las relaciones niño-adulto, si es que las hubo. Y eso es lo que quiero comenzar a indagar preguntándome por la singularidad de Perrault.

Me intriga, por ejemplo, conocer por qué a pesar de que la obra de Perrault fue secundada por otras obras literarias

---

[13] *Ibid.*, p. 72.

para niños que seguían aparentemente la misma fórmula, ninguna de ellas fue acogida con igual entusiasmo por el público infantil y hoy apenas se las recuerda.[14] Es significativo que la siguiente obra que obtuvo un éxito similar entre los niños fuera una novela en principio no dirigida a los menores: me refiero a *Robinson Crusoe*, de Daniel Defoe.

Una hipótesis es que la singularidad de Perrault no se deba, como dice Bettina Hürlimann, a que es el primero que crea una obra específicamente para niños. Tal vez haya pensado en los niños como sus lectores, pero aun si lo aceptamos (hay discusiones eruditas que no viene al caso traer a colación) está claro que lo que él entendía por público infantil era algo no muy bien definido, compuesto indistintamente de masas populares y niños de clases acomodadas, como ha señalado Marc Soriano.[15]

Más evidente me parece que su trato hacia los niños no estaba pautado por las normas pedagógicas que empezaban a prosperar en su tiempo. Como lo hacían los adultos en el medio rural y como lo estaban dejando de hacer en el urbano, Perrault permite a los lectores o escuchas de sus cuentos "vagar" entre la complejidad de la vida y no limita sus apropiaciones. Remarco la dualidad lectores/escuchas porque quiero dejar claro que su público estaba compuesto también

---

[14]   Es el caso de los cuentos de Fénelon publicados en 1718. Aparentemente seguían la misma fórmula de Perrault: la adaptación distanciada de una "historia de viejas" acompañada de una moraleja. "Aunque notables por el conocimiento del niño que suponen, por la elección de los detalles y por la destreza de su estructura, estos relatos han envejecido en la medida en que son expresión aún demasiado directa y demasiado insistente de las concepciones morales y pedagógicas de una época", como señala Marc Soriano en su incomparable obra *La literatura para niños y jóvenes. Guía de exploración de sus grandes temas*, trad., adaptación y notas de Graciela Montes, Colihue, Buenos Aires, 1995, p. 285.

[15]   *Ibid.*, pp. 550 y ss.

por analfabetos. De hecho, una vez publicados, los cuentos regresaron al pueblo a través de la Bibliothèque Bleue, donde fueron leídos en veladas similares a las que les habían dado su origen. Dejo asentada de paso la compleja continuidad entre la oralidad y la escritura, y los vasos comunicantes entre la llamada alta cultura y la cultura popular.

En definitiva, Perrault no comparte las creencias populares. Es un moderno que tiene fe en la razón y un burgués acomodado en el Antiguo Régimen que ve como una amenaza el avance del pueblo. Tampoco demuestra una especial ternura por los niños. Su éxito entre el público infantil tal vez provenga de esta distancia, acaso más respetuosa que la actitud de aquellos que se dedicaban con más ahínco a redimirlos de la ignorancia. Perrault descree tanto de la veracidad de los relatos que adapta como de la posibilidad de que la lectura por sí sola forje espíritus, o por lo menos eso podemos colegir al acercarnos hoy a las moralejas que coronan sus cuentos. Irónicas y mordaces, estas pequeñas perlas establecen un contrapunto muy acentuado con la trama. Están alejadas de las lecciones de moral, e incluso podrían contravenir las enseñanzas de las buenas conciencias:

Veamos ésta de "La Bella Durmiente":

> Esperar algún tiempo a tener marido,
> rico, de buen talle, galante y dulce,
> es cosa bastante natural.
> Pero esperar cien años, y sin dejar de dormir,
> no se encuentra ya mujer
> que duerma tan tranquila.
> El cuento parece además querernos dar a entender
> que con frecuencia los gratos lazos del himeneo,

no por ser aplazados resultan menos felices.

Y es que nada se pierde por esperar;

pero con tanto ardor el sexo

aspira a la fe conyugal,

que no tengo corazón ni fuerzas

para predicarle esta moraleja.[16]

Como se ve, Perrault no parece estar muy interesado en imponer a su público una concepción. Bromea con él. Sabe que será leído y que lo que a él le parece inverosímil a otros les resultará verídico (por cierto, él no descuida hacerlo verosímil).[17] Al contrario del uso tradicional de la moraleja —un dispositivo que busca ceñir la lectura de un texto—, las de Perrault proponen al lector diversos caminos de apropiación. El hecho de que entre los ocho cuentos recogidos en su obra haya cinco que tengan dos moralejas distintas es elocuente. En este sentido es más contemporáneo que mucha de la literatura posterior a él, pues genera dispositivos textuales que evitan la utilización moralizante de sus escritos.

Otro rasgo elocuente es el título: *Cuentos e historias del tiempo pasado*, y el uso de expresiones y giros lingüísticos que ya en su época estaban en desuso. Perrault expresa con claridad la ambivalencia de una sociedad que vacila entre dos diferentes estadios en la forma de concebir la relación padre/hijo, el conflicto de una cultura que se debate, como los padres de Pulgarcito, entre el amor más o menos natural a los hijos y la indiferencia más o menos dolida hacia ellos,

[16] Charles Perrault, *op. cit.*, p. 52.
[17] Obsérvese la moraleja de "Piel de asno": "El cuento de Piel de asno es difícil de creer; / pero mientras en el mundo haya niños, / madres y abuelas, / se conservará la memoria de él". Tal vez porque para los niños lo verosímil es verdadero, mientras dure el cuento que escuchan o leen, al menos.

justamente porque hasta entonces las posibilidades de hacer prosperar ese amor eran muy escasas.

Como Norbert Elias señala, con su habitual lucidez, el trato hacia los niños está vinculado a cuestiones demográficas clave, como el índice de morbilidad infantil y los procesos de urbanización. Por ejemplo, en una familia campesina con tierra resulta mucho más funcional tener muchos hijos, pues constituyen mano de obra barata, que en una sociedad urbana, donde el espacio para criarlos es más limitado, las ocupaciones son diferentes y los niños generan más carga de trabajo de la que resuelven.

Por eso en sociedades urbanas, desde las épocas más tempranas hasta entrado el siglo XVIII, se encuentran por doquier métodos para deshacerse de los párvulos y el infanticidio es acostumbrado, tolerado o incluso alentado.

Se trataba de sociedades en que el trato violento entre los hombres era habitual, donde todos estaban condicionados para ello y a nadie se le ocurría que los niños requirieran de trato especial. DeMause hace un recuento pormenorizado de cómo hasta el siglo XVII los adultos sometían a castigo corporal a los niños sin que nadie los cuestionase, y su reducción sólo se nota en el siglo XVIII. Esto desde luego no excluía el abuso sexual, tolerado y practicado comúnmente con la venia general más o menos explícita, aún a comienzos del siglo XVIII.[18]

Como señala DeMause, y confirma Elias, esto en buena medida podía sostenerse debido a que la relación padres/hijos estaba condicionada por la inexistente identificación padre-niño. Preocupados por sobrevivir ellos mismos y por una

[18] Véase DeMause, *op. cit.*, pp. 80 y ss.

actitud natural de defensa, los padres evitaban involucrarse afectivamente con sus hijos para evitar el dolor ante su muy probable pérdida: "Se encontraban más influenciados por lo que los niños significaban para ellos que por pensar en lo que ellos mismos y sus actos podían significar para aquellos".[19]

En la medida en que el horizonte de vida se amplía no sólo es concebible y racional involucrarse afectivamente con ellos. También es razonable ocupar un tiempo de alrededor de dos años en el aprendizaje de la lectoescritura y de la aritmética, que demanda una alta medida de regulación de pulsiones y afectos, y que requiere una ocupación parcial en el marco de alguna institución fuera de la familia.[20]

Éste es el marco que permite el surgimiento de nuevos actores e instituciones encargados de velar por la salud y educación de los niños. Entre ellos debemos incluir a un grupo de escritores encargados de producir textos expresamente dedicados a ellos, que si bien no merecen un lugar de honor en cuanto a su calidad literaria, tuvieron un papel fundamental en la incorporación de los niños a la cultura escrita.

Paul Hazard se lamenta así al señalar cómo el impulso generado por la obra pionera de Perrault se desvanece: "Pronto se borró esa idea absurda de que un gran autor puede escribir cosas para los niños y ocurriósele a la gente que debía utilizarse el deleite imaginativo para la instrucción. Pero he aquí que la instrucción creyose en el deber de ahogar el deleite. Y lo que se le ofreció a los niños fueron medicinas, con sólo un poquito de miel".[21]

---

[19] Norbert Elias, *La civilización de los padres y otros ensayos*, comp. y pres. de Vera Weiler, Editorial Universidad Nacional/Norma, Bogotá, 1998, p. 418.

[20] *Ibid.*, p. 437.

[21] Paul Hazard, *Los libros, los niños y los hombres*, trad. de María Manent, Juventud, Barcelona, 1960, p. 26.

Vale la pena incluir el texto que utiliza Hazard para ejemplificar su afirmación. Me refiero a la presentación de *Almacén de niños*, un libro de madame de Leprince de Beaumont (que hoy conocemos por ser autora de *La Bella y la Bestia*):

Almacén de los niños; o diálogos de una prudente institutriz con sus distinguidos alumnos, en los que hace pensar y actuar a los jovencitos según el genio, el temperamento y las inclinaciones de cada cual. Represéntanse los defectos propios de la edad y muéstrase el modo de corregirlos; aplícase el autor tanto a formar el corazón como a ilustrar el espíritu. Continúa un resumen de Historia Sagrada, de Mitología, de Geografía, etcétera... con multitud de reflexiones útiles y Cuentos morales para proporcionarles delicado solaz; todo ello escrito en un estilo sencillo y adecuado a la ternura de sus almas, por Madame Leprince Beaumont.[22]

La lectura de este texto es sumamente ilustrativa de la forma en que se pretende utilizar la palabra escrita como instrumento civilizatorio, en el sentido que le da Norbert Elias al término: un aprendizaje no voluntario de autocontrol de los impulsos y pulsiones que permite al individuo vivir en sociedad.

La aparición de esta producción editorial que, como dije antes, difícilmente puede ser vista como literatura, coincide con el repliegue de la sexualidad hacia la vida privada, que el propio Elias describe como el relegamiento de la vida sexual tras bambalinas en el ámbito social durante los siglos XVIII y XIX.

---

[22]   *Ibid.*, p. 27.

La creciente reserva que los adultos tuvieron que imponerse en el trato mutuo se orientó hacia el interior, se volvió autocoacción y se interpuso como una barrera entre padres e hijos. Esto tiene que ver con dos fenómenos en apariencia contradictorios: la idealización de la infancia y el recrudecimiento de los castigos como medida disciplinaria.

El que los adultos divulgaran la idea de que los niños eran seres humanos aún libres del pecado de la sexualidad —a este respecto, inocentes como los ángeles— correspondía al pudor inexpresable de los adultos frente a su propia sexualidad. Como en la realidad ningún niño respondía a tales exigencias, los padres tenían que preguntarse permanentemente en la intimidad de su propio hogar por qué razones sus hijos presentaban rasgos que no correspondían muy bien al carácter angelical atribuido como norma a los niños. Tal vez el hecho de que los castigos y las medidas conducentes a disciplinar a los niños en este periodo resultasen particularmente severos se deba justamente a esas discrepancias entre un ideal de los niños socialmente aprobado, pero totalmente fantasioso, por un lado, y su verdadera naturaleza, nada angelical, casi animal, pero en todo caso apasionada y salvaje, por el otro.[23]

He insistido en que existe una profunda relación entre el creciente número de usos y usuarios de la palabra escrita y el relajamiento de la violencia física.[24] Repito, ambos son

---

[23] Elias, *op. cit.*, p. 417. DeMause (*op. cit.*, pp. 84 y ss.) coincide en que sólo desde el siglo XVIII se comienza a penalizar la masturbación entre los niños.

[24] Que en rigor se ve secundada por la violencia simbólica, como el encierro en cuartos oscuros. Véase *ibid.*, pp. 76 y ss.

rasgos de un proceso civilizatorio muy amplio en el que estamos inmersos. En este proceso se establece un mayor equilibrio entre el potencial de poderes entre géneros, estamentos y también entre niños y adultos.[25]

Aprender a leer y escribir implica un largo proceso de aprendizaje de una multiplicidad de saberes y pautas conductuales en las que raramente reparamos y que no sólo se ponen de manifiesto en la adquisición inicial del lenguaje escrito, con el entrenamiento de la mano, o el aprendizaje de las pautas de interlocución y silencio. Aprender a leer y escribir es un proceso que nunca termina, puesto que leer y escribir textos o cartillas escolares no implica, por ejemplo, estar capacitado para leer o escribir cartas, contratos, novelas, discursos, instrucciones o informes laborales. Cada género supone un aprendizaje que implica la adquisición de códigos y convenciones, invisibles para la mayor parte de los usuarios. Son ellos los que nos permiten cosas tan básicas como determinar el estatuto de verdad de un texto. Sin ellos, la utilización de la palabra escrita generaría una confusión mayor que la babélica. Estos aprendizajes demandan del usuario de la cultura escrita un alto grado de regulación de pulsiones y afectos.

Leer y escribir es sobre todo construir y acceder a un territorio compartible con otros lectores y escritores. Es abrir nuevas posibilidades de participar en ese espacio simbólico en que cobran sentido las acciones de los hombres y simultáneamente resignificarlas. Leer y escribir posibilita el control y el autocontrol, la ubicación en un flujo temporal y la previsión. Leer y escribir procura una diversidad de

---

[25]   Véase Elias, *op. cit.*, pp. 439 y ss.

experiencias vicarias y, en este sentido, puede posibilitar un ejercicio civilizatorio de experimentación y previsión.

El espacio construido a través de la palabra escrita garantiza consensos implícitos y explícitos a la par que las formas explícitas e implícitas del disenso tolerado. La palabra escrita actúa sobre la voluntad de los otros sólo porque ese otro lee, escucha o intuye.[26] En este proceso el que recibe siempre ofrece resistencia, aun cuando no lo desee, simplemente porque, como vimos al principio, después de Babel el lenguaje contiene en sí mismo las semillas del disenso y el consenso, indefectiblemente ligadas. El otro (re)crea porque el lenguaje no es unívoco ni transparente. Sólo a riesgo de ser negada como lectura —es decir, como apropiación—, ésta puede omitir esa dimensión insumisa y profundamente genésica. En ese sentido leer y escribir pueden implicar adquirir derechos y poderes.

Dos invenciones entrelazadas al infinito

He querido dibujar, aunque sea de forma somera, un horizonte muy amplio en el que podría perfilarse la evolución de la infancia, de la literatura para niños y de las relaciones entre ambas. Como dije en un principio, podemos describir sucintamente este proceso como la transformación de un sujeto al que no se le reconocía como hablante a uno al que se le prepara para hablar y participar en el mundo, del *in-fans* al niño. La ampliación en los

[26] La escritura ejerce un poder incluso sobre los que no saben leer. De hecho, hay muchas escrituras que no suponían la lectura. Véase Armando Petrucci, *Alfabetismo, escritura, sociedad*, pról. de Roger Chartier y Jean Hébrard, trad. de Juan Carlos Gentile Vitale, Gedisa, Barcelona, 1999.

registros temáticos y lingüísticos en la literatura contemporánea, pero sobre todo la aparición de múltiples dispositivos textuales (por ejemplo, los finales inconclusos o terribles, las superposiciones de diversos puntos de vista narrativos, el uso del humor corrosivo para afrontar situaciones cotidianas) dan cuenta de esta evolución en la literatura para niños,[27] que no sólo ha dejado de ser infantil sino que comienza a borrar sus fronteras con la otra literatura y a llegar de nueva cuenta, pero de manera muy distinta que la de los cuentos de hadas, a un público niño y adulto a la vez. Porque estamos inmersos en ese proceso cada día hay una producción editorial más diversa y un mayor interés por fomentar la lectura entre los niños. Sin duda, al hacerlo avanzamos en cuanto a una nivelación de poderes, un mayor equilibrio de derechos y responsabilidades entre adultos y niños.

Después de dejar asentado esto, creo que estamos en condiciones de comprender el título de esta conferencia: "La invención del niño". Un título que, como explicaré ahora, es deliberadamente anfibológico.

Aludo así a la famosa idea de Philippe Ariès de que el niño no siempre estuvo ahí, sino que se lo descubre o inventa. Pero, siendo consecuente con el mayor equilibrio entre el poder del niño y el del adulto, quise también dejar un resquicio para una interpretación diferente, en la que el niño no fuera objeto sino sujeto, en la que el niño no fuera invención sino inventor. Apoyaré mi desarrollo en

---

[27] Una evolución que también podría considerarse como un retorno a sus orígenes populares, pero desde otro espacio, pues la literatura contemporánea está expresamente dirigida a los niños, mientras que la literatura popular se dirigía a cualquier oyente.

la lectura de la obra de Lloyd deMause que mencioné al principio: *Historia de la infancia.*

Resumo el núcleo de su tesis, a caballo entre la investigación historiográfica, la filosofía de la historia y un programa político: la historia de la humanidad es una larga pesadilla de la que apenas comenzamos a emerger. En esta pesadilla las muestras de crueldad y violencia hacia los niños han sido constantes y comúnmente admitidas, pues el adulto no ha visto al menor como un semejante. Como los descubrimientos de Freud demostraron, la estructura psíquica se transmite siempre en la infancia, y las prácticas de crianza de los niños no son simplemente uno entre otros rasgos culturales. Son la condición misma de la transmisión y desarrollo de todas las demás esferas de la historia. Regresar al trauma del pesadillesco trato recibido en la infancia, a partir de ver la propia historia reflejada en los hijos, puede permitir a cada padre no repetir este trato con ellos.

Las diversas etapas evolutivas de la historia se explican, según DeMause, por los grados de identificación socialmente permitida entre niños y adultos. A mayor identificación, mayor posibilidad del hombre de resignificar su pasado y hacerse dueño de su porvenir. Como antes Marx, respecto a la lucha de clases, DeMause intenta interpretar la historia toda con esta clave y, simultáneamente, plantear un camino para transformarla. No creo que dé para tanto (¿puede interpretarse la historia sólo con una clave?). Pero me parece que en el estadio civilizatorio en que vivimos la hipótesis que plantea DeMause puede conferirle una dimensión trascendente al fomento a la lectura.

Analizada desde esta perspectiva, la literatura para niños que se asume verdaderamente como literatura, es decir, como un territorio liberado, permite no sólo recordar el pasado de cada hombre en el sentido etimológico del término *re-cordis*, "pasar por el corazón". Permite abrir un espacio donde el niño nos invente. O al menos nos posibilite una mayor libertad para construir un mundo que destierre la violencia, que establezca un mayor equilibrio entre los potenciales de poder.

Pero debemos tener cuidado en sacar fáciles conclusiones. Suponer que el sentido de lo que cada uno de los que trabajan en la formación de lectores de literatura entre los niños está determinado por el sentido de este vasto proceso civilizatorio es un error. Como un río ancho y caudaloso, la historia de los procesos civilizatorios está compuesta de muchas corrientes. Van y vienen, dan vueltas, forman remolinos. El contacto de niños y adultos con la literatura no supone forzosamente la lectura literaria. De la misma manera que el ingreso en la cultura escrita no implica la reducción de la violencia. Puede sin duda servir para incrementar el potencial de diálogo en la relación adulto-niño, pero no forzosamente.

Nada hay más aburrido que un adulto que desdeñe a los niños, ni más bobo que un adulto que supone que el diálogo con ellos implica reducir el nivel intelectual o de discurso. Si en nuestro tiempo la literatura para niños representa una esperanza es porque, como ninguna otra creación cultural, se presta a propiciar un replanteamiento de la relación adulto-niño que mutuamente nos invente. Conviene que todos entendamos su dimensión trascendente. En cualquier caso, en el principio de esta (reescritura de la) historia no estaría el verbo, sino el diálogo.

Extranjeros en el mundo: multiculturalismo, diversidad y formación de lectores

El infierno son los otros

AUN EN LA PAREJA DE AMANTES, LA EXPRESIÓN MÁS reducida de la sociedad, los humanos vivimos ambiguamente nuestra relación con los otros. Más allá de la necesidad incuestionable, los otros son objeto de deseo y acaso el único refugio de nuestra radical soledad en el mundo. Pero a la vez producen inquietud y temor, y a menudo vivimos su cercanía como una intrusión en nuestra apacible soledad. Por eso los buscamos y evitamos sin sosiego. Sartre lo dijo con laconismo extremo: "El infierno son los otros".

Muchos años antes, con singular lucidez, pero con un gozoso sentido del humor —tal vez atribuible al desenfado de nacer en el Nuevo Mundo—, Mark Twain recurrió también a un relato sagrado para analizar la condición paradójica de la convivencia. Quiero compartir con ustedes algunas líneas de las anotaciones de Adán de su *Diario de Adán y Eva*.

Lunes. Esa nueva criatura de pelo largo me sale al paso a cada rato. Siempre anda rondándome y persiguiéndome. Esto no me gusta; no estoy acostumbrado a la compañía. Me gustaría *que se quedara con los otros animales* [...] *Nublado hoy, ventoso en el este; creo que se nos viene la lluvia... ¿Nos? ¿De dónde saqué esa palabra? Ahora me acuerdo: la nueva criatura la usa.*

Martes. Estuve observando la gran cascada de agua. Es la cosa más agradable del Estado, me parece. La nueva criatura la llama cataratas del Niágara, no sé por qué. Dice que parece las cataratas del Niágara. Eso no es una razón, *es simplemente un capricho.*

Miércoles. Me hice un refugio contra la lluvia pero no pude disfrutarlo en paz. La nueva criatura se metió. Cuando traté de sacarla, empezó a derramar agua por los agujeros con que mira y a secarse con el revés de su manota, y hacía el mismo ruido que hacen otros animales cuando están doloridos. *Quisiera que no hablara.* Está siempre hablando. En la pobre criatura *hablar suena como un vulgar murmullo, un parloteo;* pero no lo digo en serio. *Nunca escuché antes la voz humana y todo sonido nuevo y extraño que se introduce en la solemne quietud de estas ensoñadas soledades ofende mi oído y me suena como una nota falsa.* Y este nuevo sonido tan apegado a mí está justo en mi hombro, justo en mi oreja, primero de un lado y después del otro, y yo sólo estoy acostumbrado a sonidos más o menos distantes.

Viernes. El poner nombre a las cosas continúa temerariamente, a pesar de lo que yo pueda hacer. Yo tenía un nombre muy bueno para el Estado, y era musical y bonito: Jardín del Edén.

[…] La nueva criatura dice que está lleno de bosques, rocas, paisajes, y que no se parece a un jardín…

Mi vida no es tan feliz como solía ser.[1]

¿Por qué un texto así nos hace sonreír y no nos provoca aversión o rechazo? Acaso porque, si bien potencia hasta

---

[1]   Mark Twain, *Diario de Adán y Eva*, Ediciones Corregidor, Buenos Aires, 1990, pp. 9 y ss. Las cursivas son mías.

lindar con lo grotesco hechos y sensaciones familiares, su mordacidad se dirige a la pareja amorosa, una relación claramente necesaria y habitualmente deseada.

Pero cierren los ojos e imaginen: ¿qué pasaría en sus bellas almas civilizadas si la mordacidad del escritor se detuviera en una convivencia menos protegida por la necesidad; si el novelista dirigiera su mirada a cualquiera de los pequeños paraísos en los que nos refugiamos los hombres modernos, por ejemplo, un condominio, y describiera las emociones encontradas que genera en su inquilino la súbita intrusión de un grupo de extraños, con otros rasgos físicos, otro idioma, otros valores y costumbres? ¿Qué conflictos, resistencias, tabúes, recuerdos o temores comenzarían a emerger en su intimidad al escuchar una frase como "esos extraños de piel (oscura, roja, blanca o amarilla, según el caso) me salen al paso a cada rato. Me meto en la cocina y percibo sus guisos urticantes. Salgo a la calle y su cháchara ininteligible me perfora los oídos"?

Imagino la incomodidad de la situación. No es un asunto fácil —y tal vez no sea de buena educación— hablar de los problemas que suscita la convivencia multicultural. Pero es importante. Por eso conviene plantearlo sin tapujos ni ingenuidad: ¿estamos preparados para vivir con los otros?

En "Tótem o tabú", un ensayo de 1988, George Steiner se interroga si no hay constantes en nuestra forma de ser, biológica y social, que hacen que vivir con los demás nos resulte muy difícil, y señala que "sería increíblemente arrogante suponer que *sabemos* que hemos evolucionado hasta llegar a ser un tipo de criatura al que le gusta vivir con los que huelen diferente, tienen un aspecto diferente, suenan diferente". Y con encomiable valentía reflexiona: "Puede que la autonomía sea la forma natural de la unidad social y que los que empujan a la gente a unirse lo hagan en nombre de una visión trascendente de justicia, esperanza o equidad humana, pero tal vez están apremiando algo complicado".[2]

Enfrentar esa complicación es uno de los propósitos de este texto. Creo que conviene recordar que la dificultad no sólo se ha impuesto en el mundo por discursos trascendentes sobre la equidad humana, sino por razones más triviales: hambre, destrucción, falta de trabajo, intemperancias del clima, enfermedades, guerras. Desde la lejana prehistoria hasta hoy, éstas y otras razones han obligado a los hombres a dejar atrás sus lugares de origen y asentarse en otras tierras, entre extraños.

Por cierto, nunca lo han hecho de forma tan diversa y acelerada como en la actualidad. Basta dar un vistazo rápido al cambiante mapa del mundo. Prácticamente no hay sitio que no expulse o atraiga flujos migratorios: entre las ciudades y el campo, en el interior de las naciones, entre países o continentes.

Nombrar el Edén

Históricamente hablando, es difícil suponer la existencia del Edén. Todas las evidencias apuntan a que nuestros ancestros más bien vivieron inmersos en penurias infinitas: nos antecede el hambre, la enfermedad, la desolación y una lucha tenaz por sobrevivir. No la abundancia.

Pero la persistencia de un mítico pasado de feliz convivencia con la naturaleza es llamativa. Muchos han querido

---

[2]   George Steiner, *Pasión intacta. Ensayos, 1978-1995*, trad. de Menchu Gutiérrez y Encarna Castejón, Siruela, Madrid, 1997, pp. 251 y ss.

ver en esto una alusión a la infancia. También es algo difícil de sustentar históricamente, como nos demuestran los investigadores que se han acercado al tema. "La historia de la infancia es una pesadilla de la que hemos comenzado a despertar hace muy poco", dice Lloyd deMause.[3] ¿Por qué habríamos de recordarla de otra forma?

¿Será entonces una reminiscencia del espacio intrauterino? Tal vez. Hoy quiero arriesgar otra explicación: ese pasado idílico es una ilusión (o acaso el recuerdo) de un momento en que la cultura no se percibía arbitraria.

Es una hipótesis temeraria, lo sé. Y no pretendo defenderla más que invitándolos a recapacitar en que es habitual que los movimientos nacionalistas o xenófobos postulen para sí mismos un idílico pasado común violentado por la intrusión de extraños.

Recordemos que en el lenguaje adánico el signo no es arbitrario. Hay una coincidencia punto por punto entre los objetos y los términos usados para nombrarlos y describirlos.[4] Durante el pasado idílico al que me referí hace un momento, la ilusión de una transparencia similar envuelve normas y valores. Es la convivencia con los otros la que arroja la primera sombra sobre la transparencia de la lengua y cuestiona la naturalidad de las reglas y creencias, poniendo de relieve su arbitrariedad.

Tengan presente al Adán de Twain y su molestia ante la voz insidiosa de aquella extraña de pelos largos que lo fastidiaba rebautizándolo todo. Los otros leen la realidad, la

---

[3] Lloyd deMause, *Historia de la infancia*, trad. de María Dolores López Martínez, Alianza Editorial, Madrid, 1982, p. 15.

[4] Este tema ha sido ampliamente tratado por George Steiner, particularmente en su monumental *Después de Babel*. Vuelve a él en *Errata*, su autobiografía intelectual.

recortan conceptualmente y la nombran con categorías peculiares. Introducen interpretaciones e incertidumbres en nuestro mundo. En pocas palabras, lo relativizan.

Pero, para aquel que se aventura a identificarse con el extraño, el encuentro brutal deja al descubierto el desamparo, la irremediable extrañeza de todas las normas, su fragilidad. ¡Qué precario se vuelve entonces el refugio de la cultura! ¡Qué frágil es la morada del lenguaje!

El poeta francés Edmond Jabès lo ha dicho con claridad y belleza: "Un extranjero me ha revelado mi extranjería". Pero es una actitud excepcional y acaso imposible de extender masivamente. Por lo general los hombres nos resistimos a identificarnos con los extraños, afirmamos rasgos biológicos y culturales que nos separan tajantemente de los otros y preferimos refugiarnos en lo conocido, entre los nuestros, en la cultura, que en su sentido primordial y etimológico quiere justamente decir eso: "alguien de la casa".[5] Los otros se quedan fuera, confundidos con la inhóspita intemperie. Son los bárbaros, seres balbucientes, de lenguaje indiferenciado, cuya condición linda con lo inhumano.[6]

Estoy aludiendo, ya lo habrán notado, a la antigua dicotomía "civilización o barbarie", de larga prosapia en América Latina y en todo territorio colonizado (¿hay alguno que no lo haya sido?). ¿Cuántas gestas culturales se han fundado en este paradigma? ¿Cuántas atrocidades fueron, son o serán cometidas en su nombre? Los monumentos que llamamos pomposamente "patrimonio cultural de la

---

[5]   Del indoeuropeo *kei-wi*: alguien de la casa, miembro de la familia; de *kei*: acostarse, estar acostado; cama, casa hogar, familia, querido. V. Guido Gómez de Silva, *Breve diccionario etimológico de la lengua española*, El Colegio de México/Fondo de Cultura Económica, México, 1988.

[6]   Conocimiento, instrucción, del latín *cultura*: cultivo, agricultura. *Ibid.*

humanidad" prefieren guardar silencio sobre el reguero de sangre, dolor y sufrimiento que los abona.

En su séptima tesis sobre filosofía de la historia, Walter Benjamin señala: "No existe documento de cultura que no sea a la vez documento de la barbarie".[7] Me pregunto si los que laboramos con libros por una convivencia armónica no pretendemos escapar a esa condición o, más humildemente, si podremos sobrellevarla causando menos dolor y desastres.

¿Es posible generar cultura sin crear barbarie? Es muy aventurado suponerlo y, para mí al menos, es francamente intolerable aceptarlo. Éste es nuestro problema.

Antes de avanzar quisiera puntualizar algunas posturas en relación con los términos *cultura* y *diversidad*. Como se colige de lo que he dicho, lo que se pone en juego alrededor de la cultura son relaciones de inclusión y exclusión que abren o cierran posibilidades de participación o significación social e individual. Sin duda, es legítimo acercarse al tema en forma puramente literaria (analizar comparativamente obras de culturas diversas para realzar constantes o comprender diferencias, estudiar variantes generadas por la apropiación, etcétera). Pero, si se trata de impulsar a través de la literatura formas de convivencia, me parece que no es congruente centrar la atención en los libros sino en lo que les sucede a los lectores, y la forma en que esto puede incidir en sus pautas de conducta.

Llama la atención que, en un momento en el que se desdibuja el poder de la cultura en medio de la mayor homogeneización de los valores jamás vista y de un paradójico

---

[7]   Walter Benjamin, *Ensayos escogidos*, trad. de H. A. Murena, Sur, Buenos Aires, 1967, p. 46.

aumento de las brechas económicas, tanto el tema de la diversidad como el del multiculturalismo estén de moda.

Como intentaré mostrar, puede que tras el aparente consenso que generan las posturas multiculturales estemos evitando la discusión profunda en torno a las formas en que se construyen las identidades y las implicaciones que esto tiene en la vida de cada uno de los individuos. Y tal vez esto tendrá graves consecuencias. Pero vayamos por partes.

Espadas o banderas

Una de las cosas que hacen más difícil realizar una crítica a las identidades culturales es que, además de ser necesarias, con frecuencia han sido utilizadas para fines de nobleza inobjetable, como la liberación de los oprimidos, la promoción de la confraternidad y la solidaridad, los derechos humanos o la justicia.

De hecho, la mayor parte de los movimientos de liberación expresan reivindicaciones identitarias y buscan la cohesión en torno a sus objetivos políticos a partir de una inmersión en el pasado, donde lo auténtico se mezcla con lo popular y lo ancestral. El maridaje del romanticismo con los movimientos nacionalistas es una de las expresiones más claras de esto. Para cualquiera de los Estados en consolidación, la inmersión en las raíces telúricas era un valioso sostén para proyectar al futuro el ideal de una continuidad inmarcesible.

Al parecer, en determinados momentos de la historia fue necesario realizar esto. El problema es que con frecuencia empresas así reunieron a hombres sabios —literatos, científicos, historiadores— que se prestaron a una doble mistificación: la de la fijeza de la identidad y la de la unidad interna, y a partir de esto justificaron episodios vergonzosos. Les transcribo una cita de un libro estremecedor del escritor bosnio Nedžad Ibrišimović: "Degollando, matando, quemando, violando y saqueando, los *chetniks* [paramilitares serbios] luchan por su identidad, por ser serbios. Es algo singularmente serbio: hombres serbios, mujeres serbias, peces serbios y plantas serbias". El escritor cita al doctor Vidosav M. Savić, un médico militar, quien en el libro *Sobre la naturaleza serbia*, específicamente en el capítulo dedicado a la tierra serbia, menciona el caso de un soldado de esa nacionalidad en cuya autopsia se encontró su alma en forma de piedra. Según el médico, sólo las almas de los musulmanes la podían transformar.[8]

Tras leer un texto así, cualquier asesino o violador de niñas bosnias musulmanas se sentiría redimido por el ángel de su patria.

Tierra es donde reposan nuestros muertos, donde crecen nuestros hijos; pero tierra también es terror. Y médicos, científicos e intelectuales no son siempre los mejores guardianes de la humanidad.

Como sabemos, todas las identidades —culturales, nacionales, étnicas, incluso la personal o sexual— son construcciones mutables. Todos sus sustentos —los símbolos, los relatos y mitos fundacionales, los episodios decisivos, los héroes, ritos o banderas— se elaboran y reelaboran de manera continua a través de complejos procesos de disputa y negociación. En ellos se batalla para definir los límites del grupo y sus valores. Pues, por más cohesionados que estén,

---

[8]   Nedžad Ibrišimović, *El libro de Adem Kahriman*, trad. de Antonio Saborit y Stephen Schwartz, Breve Fondo Editorial, México, 2000, p.35.

por más unidos y homogéneos que sean, persevera en ellos la diferencia, aunque no se manifieste o reconozca. Tanto individual como socialmente, para sobrevivir es necesario percibir y generar identidades y diferencias.

De cierta forma, toda identidad es una construcción aglutinante que se presta para la defensa o el ataque. Es una selección que tiene como corolario la exclusión: en los casos más extremos, lograr la cohesión requiere un enemigo externo o un chivo expiatorio en el interior del grupo. Pero hay muchas otras formas de ejercer violencia, de limitar al otro.

Por esto la relación entre multiculturalismo y diversidad es compleja y conflictiva. Cualquiera sabe que una de las dificultades intrínsecas de la convivencia multicultural es justamente el distinto valor que le da cada cultura a la diversidad en su interior. Hoy eso nos enfrenta a dilemas de muy difícil solución. Para no ir más lejos, pensemos en la natural simpatía que les podemos tener a las reivindicaciones de tal o cual grupo o nación sometidos y la dificultad de aceptar su forma de tratar a los niños, las mujeres o los homosexuales. ¿Quién no ha vacilado ante la necesidad de optar y tras haberlo hecho no ha sido acusado por tirios o troyanos?

Juntos pero no revueltos

No creo necesario abundar más: los problemas que he descrito son intrínsecos a la condición humana. Pero en el mundo globalizado su complejidad alcanza magnitudes nunca antes vistas.

Al hablar sobre la relación entre identidad, consumo y formación de ciudadanos, Néstor García Canclini señala: "Las culturas nacionales parecían sistemas razonables para preservar, dentro de la homogeneidad industrial, ciertas diferencias y cierto arraigo territorial, que más o menos coincidían con los espacios de producción y circulación de los bienes".[9] Sin embargo, hoy, por primera vez en la historia, la mayoría de los bienes y mensajes que recibe una nación no se han producido en el propio territorio. En París, en Bogotá, en Nairobi y Singapur podemos comer pizzas, comida china o tacos mexicanos. Las carteleras cinematográficas se asemejan en las capitales del mundo y casi en cualquier ciudad podemos sintonizar las mismas cadenas de televisión por cable, vestir *jeans*, Cacharel o Christian Dior. Incluso las artesanías se han globalizado.

Nunca como hoy el patrimonio cultural había estado más al alcance de todos. Los avances tecnológicos y la educación obligatoria son en buena parte responsables de esto. Hace un siglo era necesario viajar para escuchar a Mozart, conocer las pirámides de Egipto o una retrospectiva de Rembrandt. Hoy cualquiera puede hacerlo al encender una pantalla. En el presente se publican más libros y hay una mayor cantidad de personas con *capacidad* de leer; aunque sin duda el modelo de lector que tenían en la mente los editores ha cambiado: las masas no sólo han conseguido el acceso a la producción cultural, también se han convertido en su principal objetivo.

La situación no se puede analizar unívocamente. Los apologistas del presente suelen resaltar la enorme diversidad de la oferta como un claro signo del incremento de la tolerancia. Los escépticos esgrimen los también crecientes signos de xenofobia, dogmatismo, intolerancia y censura.

9   Néstor García Canclini, *Consumidores y ciudadanos. Conflictos multiculturales de la globalización*, Grijalbo, México, 1995, p. 16.

Los apologistas del presente hablan de la instauración de la democracia y la igualdad de oportunidades. Los escépticos señalan las brechas económicas entre países y en el interior de ellos. Es común escuchar en ambos bandos los mismos términos: *libertad, democracia, oportunidades.* ¿Hablamos todos de lo mismo?

Sea como fuere, lo cierto es que, aunque en el planeta haya una oferta cultural y de bienes de consumo homogeneizada, hay una gran diferencia entre los potenciales de producción y consumo de bienes culturales, y esta diferencia suele ir aparejada con fronteras nacionales, raciales, étnicas o religiosas.

Tanto entre las naciones como en el interior de ellas, las diferencias se dan tanto en la producción cultural como en la capacidad y oportunidades que tengan los individuos de un grupo social determinado para asimilarla o recrearla. Por esto, hablar de generar una educación multicultural a partir de una oferta editorial variada que refleje temáticamente la vida de diversos grupos sociales es ingenuo si no se atienden simultáneamente las condiciones reales de recepción de *todos* los grupos.

Sin duda es importante diversificar la oferta editorial, establecer nuevos paradigmas de identificación, cuestionar cánones y prejuicios, posibilitar el acceso a distintas tradiciones. Pero no es suficiente. ¿Qué quiere decir el derecho a la cultura en lugares donde no existe una cultura del derecho? ¿Cómo se puede conseguir esto si no es a través de una educación ciudadana? ¿Qué papel tiene o puede tener la palabra escrita en la formación de esos ciudadanos?

No quiero extenderme sobre la importancia que han tenido la difusión y diversificación de los usos de la palabra escrita en la construcción del concepto moderno de ciudadanía. Pero justamente porque hay una relación tan estrecha entre ambas es preciso destacar algunos signos preocupantes: para empezar, la racionalidad económica que acompaña al aparente consenso en torno a los valores democráticos y la forma en que se ha extendido al ámbito cultural, fijando el criterio de rentabilidad como mayor anhelo, y vinculando el de calidad con la aceptación del público.

El enorme derroche de talento y recursos puestos al servicio de la mercadotecnia ha contribuido a que todo se pueda convertir en imagen o simulación. Por otra parte, se ha multiplicado de tal forma la oferta, han proliferado de tal modo los modos de recepción silvestres, que es legítimo preguntarse si, paradójicamente, no estamos asistiendo al repliegue de la lectura como un espacio para la verdadera confrontación de diferencias.

Por eso me pregunto si toda esta proliferación de expresiones multiculturales no responde también a las necesidades del mercado globalizado; si además de una demanda legítima de pueblos y grupos, este campo no se ha convertido en jugosas oportunidades de negocio; si estamos asistiendo a la emergencia de una nueva cultura imperial —tal vez no concebida en los mismos términos que antes, pues no proviene de un poder nacional— que elida esas diferencias y genere una exclusión de dimensiones insospechadas.

Vemos grandes editoriales transnacionales que medran produciendo obras para las minorías. Si escarbamos un poco, observaremos cómo se confabulan los intereses del gran capital anónimo que promete la modernidad universal y democrática con los valores más tradicionales y concepciones autoritarias de la identidad.

Me lo he topado cuando se han acercado a mí editores del primer mundo en busca de libros para mostrar cómo viven *verdaderamente* los latinoamericanos, y me resulta imposible alejarlos de su preconcepción, del folclor más ramplón. Algo similar acontece con funcionarios, editores, bibliotecarios, escritores y maestros, cuando definen lo que *deben* leer los grupos culturales para reforzar su identidad. Por lo visto algunos suponen que tener raíces obliga a los otros a mantener la mirada fija en el suelo, aunque se les llenen de polvo los ojos.

Nuevas conceptualizaciones y disyuntivas actuales

En "La Muralla y los libros" Borges afirma que "quemar libros y erigir fortificaciones es tarea común de los príncipes". Desde la milenaria invención de la escritura hasta nuestros días, muchos miles de tiranos, reyes y sacerdotes además han pretendido unir las dos cosas: erigir fortificaciones con palabras escritas. Para lograrlo han invertido esfuerzos y recursos escribiendo o mandando escribir libros. Pocas cosas nos resultan más esperanzadoras que constatar la tenacidad de los lectores para no quedar amurallados.

Y es que, si de metáforas bélicas queremos valernos, el libro en manos de un lector más que una fortificación semeja un caballo de Troya. Es un artefacto que introduce en una construcción más o menos cerrada una caterva de presencias caprichosas. Es un artefacto que suscita múltiples e imprevisibles posibilidades de identificación, que genera procesos azarosos de construcción de uno mismo y, desde ahí, también oportunidades de sociabilidad inusitadas. Pues el ejército que se introduce en el lector no responde a una disciplina predeterminable. De ahí la ambigüedad de las autoridades con la lectura, aun en los casos que preconizan el amor por los libros, desde los reyes y sacerdotes, hasta los padres y maestros.

Para los que creemos que es factible establecer relaciones de poder diferentes, construir formas no autoritarias de ejercer la autoridad; para los que —desde una concepción abierta de las identidades— suponemos que es factible construir espacios y oportunidades de identificación y distanciamiento menos dañinas, los libros son también una espléndida oportunidad. Pero es necesario dejar a un lado la autocomplacencia habitual en los defensores de la tolerancia y preguntarnos desde dónde y cómo construir una cultura de reconocimiento de los otros y de nosotros mismos.

Los conflictos que vivimos no sólo ocurren entre clases y grupos, entre xenófobos y cosmopolitas, entre conservadores y liberales. Hay también una fuerte disputa entre dos formas de plantear el acercamiento a la diferencia. Por una parte, los que suponen que el conflicto es inherente a la condición humana y proponen la negociación razonada y crítica. Por la otra, los que quieren evitarlo a toda costa bajo hermosos eslóganes o programas asistenciales, que se traducen en simulacros de consenso producidos mediante la devoción por los simulacros.[10]

Se trata en buena medida de la disyuntiva entre procesos de formación de ciudadanos y experiencias culturales auténticas, o sus simulacros. Pero es algo más que eso. Se trata de asumir cabalmente la larga duración y de reconocer (o no) el poder inmensamente creativo de la recepción.

[10]   V. *ibid.*, particularmente la tercera parte.

Tras recordar la Europa medieval, intentemos imaginar el mapa del mundo en trescientos años y regresemos a nuestro presente. Veremos todo afán de cohesión con mayor humildad. Pero al mismo tiempo podremos cobrar consciencia de una grave responsabilidad, aunque sólo se pueda manifestar sutilmente.

Todo lo que hagamos, todo lo que enseñemos, será transformado por otros. El foco de atención debe estar, pues, en dotarlos de posibilidades reales de construir respuestas y preguntas, de establecer y construir identidades personales y colectivas a partir del reconocimiento de su libertad para autodefinir los límites y la naturaleza del grupo. En otras palabras, se trata de alentar el desarrollo de la capacidad para reconocer en el interior de cada comunidad diferentes posiciones y para negociar en el interior y en el exterior de ella semejanzas y diferencias.

En su sentido más profundo, la diversidad es más una cosa de potencialidad realizada que de orígenes, más de futuro probable que de pasado común, más de sueños y deseos que de raíces y ataduras. Aunque haya que apoyarse en el suelo para elevar las alas y levantar el vuelo.

Si una aproximación así es primordial cuando hablamos de cultura para los adultos, es absolutamente indispensable para generar en los niños un sentido responsable de su libertad, pues el aceleramiento de nuestra civilización hace que cada vez esté más marcada la diferencia entre las generaciones.

Y no es poco lo que la literatura puede hacer en este sentido. Su poder deriva de sus posibilidades para generar desdoblamientos, causar extrañeza en el interior de cada lector, poner en crisis su identidad y cuestionarla, descubrir que cada uno es otro, como lo hizo Rimbaud. La promoción de la lectura, para ser tal, supone darle al otro armas y herramientas para ser diverso de sí mismo. Es un regalo radical, una muestra de confianza en el prójimo.

Expulsado del paraíso por causa de Eva, y tras años de fatigosas luchas con esa extraña de largas greñas, el Adán de Twain descubre que "dondequiera que ella estaba era el paraíso". El Edén no es más un *topos*, un lugar en la Tierra. Es un rostro que interroga, que disturba, que consuela, que genera conflictos, que obliga al diálogo. Sería tranquilizador que pudiese argumentar algo para concluir que también los otros se pueden convertir en el paraíso. Temo que esto sólo es posible en la relación erótica.

Pero sostener un respeto radical para que el otro siga siendo otro, sin duda nos puede ayudar a hacer de la Tierra un lugar menos infernal, más complicado e interesante. Quizá, después de todo, el mundo siempre sea hostil y extraño, pues la Tierra, por más hermosa, sólo es el estupendo escenario de un drama que le es indiferente. Quizá después de todo nuestra única morada sea el lenguaje. Si es así, los libros podrían ser la mejor forma de construirla, a condición de que, como rezaban los antiguos preceptos, siempre tengan la puerta abierta para el extraño, y de que ese extraño podamos también ser nosotros mismos acogiendo nuestra propia extrañeza.

El Norte y la brújula

Para Alejandro Katz, que también ha elegido caer
con los ojos abiertos

Una flor, la más débil, ha de ser nuestro sostén.

WILLIAM CARLOS WILLIAMS

00

ESTA CONFERENCIA TIENE MUCHOS COMIENZOS Y NO aspira a un final feliz. Tal vez sea demasiado larga. A pesar de ello quiero retrasar el principio con una breve explicación.

Aunque nunca lo formulo literalmente, el tema de esta conferencia (y, ahora comprendo, tal vez de todas las que he dado) es el contraste entre la debilidad y la fuerza tal como estamos acostumbrados a verlas, y la posibilidad de construir de otra forma nuestra existencia en el mundo a partir de un acercamiento distinto a ellas. Para decirlo sucintamente, a partir del reconocimiento de la fuerza de lo que habitualmente concebimos como débil y de la debilidad de lo que generalmente consideramos fuerte. En el origen de este planteamiento está una intuición añeja y paradójica que muchos poetas han tenido antes que yo: sólo lo fugitivo permanece.

Estoy convencido de que, si mi tema es el contraste entre la debilidad y la fuerza, y mi intención es sustentar ante ustedes un replanteamiento de éstas, no podré cumplir mi propósito si no escenifico un cambio en la relación de fuerzas que se dan en la situación propia de una conferencia según los cánones habituales. El fuerte es el que está arriba del escenario, dispone de papel para hablar y dispuso de tiempo para pensar. El débil es el que escucha y, desde una supuesta ignorancia, tiene que asimilar en minutos lo que al otro le llevó días, semanas o meses redactar.

Escribí esta conferencia para mí y para ustedes. Escribí cosas que no sabía antes de comenzar a escribir y que, justo por escribir pensando en ustedes, fui aprendiendo. Me he resignado a aceptar que nunca terminaré de aclarar algunas obsesiones. Le ha pasado y le acontecerá a muchos más, antes y después que a mí: las preguntas perviven, mientras las respuestas se desvanecen. Y uno tiene muy pocas preguntas verdaderas.

El tema que me fue sugerido no sólo me interesa y apasiona. Me angustia y me toca en la intimidad más recóndita pese a que es un tema de interés público. Podría haberlo abordado desde el lugar común. Tal vez esto hubiera hecho más fácil la redacción de este texto y, sin duda, también su situación como escuchas. Pero creo que sería una manera falsa, aunque decorosa, de esquivar lo conflictivo de nuestra situación: yo aquí arriba, ustedes abajo. Para mí no habría tenido ningún interés prepararlo. La conferencia habría sido un buen pretexto para un viaje y no al revés, como debe aspirar quien ha hecho de la lectura y la escritura una forma de vivir y un aprendizaje de vida.

Por lo demás, y por muy sencillo que sea lo que se diga, siempre es más complicado seguir un argumento oral que uno escrito. Y en cualquier conferencia, en la apariencia de un diálogo se escenifica una conversación a múltiples voces. Mientras sigue al conferenciante, el público evoca y rememora otras presencias y palabras, se distrae. Yo, que siempre he tendido a la ensoñación y a andar por las nubes, confieso que, salvo en contados casos, me ha sido imposible sostener durante una conferencia la atención férrea que el texto requería.

Leeré a continuación un texto que ustedes podrán revisar cuando se publique. Tal vez entonces rememoren mi voz y los múltiples encuentros que acontecerán en estos días. Es una situación análoga a la mía, aunque invertida: yo los imaginé a ustedes para escribir. Leí, releí, discutí y rumié palabras para venir aquí. Ustedes, si mi propósito se cumple, lo harán después de irse.

No somos iguales, pues. Pero podemos establecer nuestra relación compartiendo con claridad ciertas condiciones de igualdad. Tanto ustedes como yo tenemos dudas e incertidumbres. Aquí y junto a ustedes intento ahondar en las mías. No pretendo resolver las de ningún otro. Me conformo con incitarlos a valorar y discutir las suyas. Escúchenme como quien escucha música. Música de ideas, pero música al fin.

Cuando me invitó, Raquel López Royo me dijo que querían que inaugurara o cerrara estas jornadas. Dos semanas después le pedí que me dejara inaugurarlas. Pensé que así me daba la oportunidad de conversar con ustedes después, y que ésa era la manera más honesta de resolver el dilema en que me coloca mi situación: ser un conferenciante que quiere replantear la relación fuerza-debilidad, una relación que tanto para mí como para millones de otros ha sido fuente de sufrimiento y esperanza.

La conferencia tiene como epígrafe un verso de William Carlos Williams. Lo he extraído de "Asfódelo", un extenso

poema de amor que me ha acompañado casi treinta años.
La estrofa dice literalmente:

> Amor
> ante el que tú te inclinas
> como yo también
> —una flor,
> la más débil,
> ha de ser nuestro sostén,
> no porque seamos débiles
> y no nos quede otro recurso
> sino porque
> en la plenitud de mis poderes
> arriesgué lo que había que arriesgar
> y así probar
> que el uno amaba al otro,
> mientras lloraban mis huesos
> en el acto contigo
> por no llorar.
> Del asfódelo, esa flor aún verde,
> vengo, querida,
> a cantarte.
> Mi corazón revive
> al pensar que traigo nuevas
> de algo
> que te toca
> y toca a muchos. Mira
> a lo que pasa por "lo nuevo".
> No lo encontrarás allí sino
> en los despreciados poemas.
> Es difícil

sacar noticias de un poema
>pero los hombres todos los días
>muere miserablemente
por no tener aquello que tienen
>los poemas.
>>Óyeme:
también a mí me toca esto,
como a cada hombre que ansía
>morir en su cama
>reconciliado.

La conferencia también acaba con una apología de la escucha. Quizá sólo he intentado hacer una glosa de un poema inagotable. Ojalá que alguno de ustedes consiga, lea, relea y regale *Versiones y diversiones*, el libro de traducciones de Octavio Paz en el que se encuentran éste y otros poemas memorables.

Yo empiezo.

0

Comienzo con el fin, con lo primero, con lo esencial: con un agradecimiento por la hospitalidad. Más que un gesto de cortesía, quisiera formularla como una profesión de fe, aunque dicho así quizá suene un tanto pomposo y, por tanto, poco hospitalario. De hecho, descubro que la fe en la hospitalidad es la que me conduce al libro y a la lectura, y no al revés. Es una convicción tan firme como mi desconfianza por los elogios al libro acompañados de lamentos por no disponer de tiempo para leer, tan comunes hoy entre prohombres de la arena pública.

Sin duda es cierto que hace falta ir para regresar. Desde sus textos fundacionales (pienso en el relato de las travesuras del inquieto Ulises o en la vuelta del hijo pródigo) hasta el paradigmático *Viaje a la semilla* de Carpentier, nuestra cultura ha alentado la idea de que el retorno es la conclusión deseable para cualquier derrotero. Es una idea que se han encargado de reforzar instituciones de diversa índole y tamaño —la familia, la escuela, las Iglesias, los Estados—. Tal vez porque afianza el suelo donde éstas medran: el amor al hogar, al terruño, a la madre, a la patria, a los orígenes supuestos, reales o inventados. Pero, sobre todo, porque apacigua la angustia primordial ante lo desconocido.

Sin embargo, cuando uno se ha ido y regresa, el retorno no es forzosamente reconciliador. Luego del primer reencuentro —ahí donde se suelen interrumpir los relatos—, el viajero que regresa a su morada comprende que, justamente por haber viajado, él ya es otro; que retornar es ir de una extrañeza producida por un entorno desconocido a otra generada por una fuente conocida. Se le hace entonces evidente que la vuelta es imposible, que todo es una constante despedida. En suma, que habitamos tiempo, no espacio: tiempo fugitivo, tiempo fugaz, como nosotros. Y asoma entonces el desasosiego.

En efecto, es duro asumir que somos pasajeros, pero es más difícil aceptar que lo fijo muta, que lo estable se transforma. Esto es algo de lo mucho que se puede aprender con los viajes y los regresos. Con las lecturas y las relecturas. Desde ese saber frágil quisiera hablar hoy, al retornar a la Fundación Germán Sánchez Ruipérez, que tan importante ha sido para mi vida profesional, para reflexionar con ustedes sobre la lectura en éste, nuestro tiempo, tan extraño y paradójico.

Si no me equivoco, fue hace once años que por vez primera tuve conocimiento de la Fundación. Yo daba mis primeros pasos en el mundo de la literatura infantil y juvenil, y de camino a la feria de Boloña me detuve en España para ver de cerca lo que entonces me parecía el mercado más vital del libro para niños en nuestra lengua.

Recuerdo con mucha claridad la visita a la sede en Madrid, pero sobre todo el viaje a las otras dos y, en particular, el recorrido por este centro en Salamanca, guiado por Luis Vázquez. Muchas cosas me impresionaron de este edificio fenomenal. Pero ninguna tanto como la apuesta generosa por propiciar el pensamiento, por acoger de manera simultánea la práctica y su análisis. Puede que Luis nunca lo haya imaginado, pero sin duda fue uno de los momentos importantes de mi formación profesional. Por esto, cuando recibí la invitación a asistir a estas jornadas, no dudé mucho.

"El tema serían los retos de la lectura para el siglo, las perspectivas, las esperanzas... los agujeros negros, también", decía la carta textualmente. Tal vez fue una azarosa coincidencia, tal vez fue el destino. El hecho es que varios meses atrás, sumido en un mar de incertidumbres relacionadas con los temas sugeridos, había decidido no volver a hablar en público. Y, sumergido en la perplejidad, comencé a garabatear un ensayo titulado, como esta plática, "El Norte y la brújula", sin otro objetivo que reencontrar un Norte que había extraviado. Acepté, pues, cambiar un ensayo por una conferencia, pensando que me sería más fácil salir de la confusión imaginando rostros amigos que ante el inclemente espejo, siempre más cruel, pero más fácil de evitar que un compromiso público. Nuevamente quedó demostrado que más pronto cae un hablador que un cojo.

¿Qué hace uno cuando la brújula que lo ha guiado en su travesía de pronto se convierte en un instrumento bobo, una cajita en la que una aguja da vueltas a tontas y a locas sobre su pivote, como un saltimbanqui ebrio? La guarda en uno de sus bolsillos y se interna en el paisaje desconocido, con los ojos muy abiertos. Poco importa si es de noche o es de día. Estará menos perdido si tiene los ojos y oídos bien abiertos.

No sabía entonces lo difícil que me iba a ser preparar el texto. No porque no tuviera nada que decir, más bien porque me siento atrapado en conceptos y formas de razonamiento que no me satisfacen, porque tengo muchísimas más dudas que certidumbres y porque, aun en mi ignorancia, logro ponderar el arduo trabajo de investigación necesario para resolverlas. Cuánta ansiedad, cuánta avidez, cuánta impaciencia.

Incluso abordar estos problemas me resulta conflictivo. Lo pudieron corroborar algunos periodistas. Cuando me hacían una pregunta en apariencia sencilla, yo sentía la necesidad de explicar cada palabra que usaba y así me internaba en vericuetos de hipótesis y cuestionamientos, de explicaciones y dudas, que se iban extendiendo ante los ojos atónitos de mis interlocutores que me miraban como diciendo: "Pero si yo sólo te hice una pregunta muy simple, ¿por qué no contestas cualquier cosa? Total que ni habrá quien lo lea".

Creo que es obvio: si planteo este asunto es porque no lo considero sólo una cuestión personal. De hecho, y para comenzar a responder a las inquietudes de Raquel, en mi opinión la carencia de instrumentos conceptuales que den cuenta clara de lo que está en juego en la formación de usuarios de la cultura escrita es el mayor agujero negro en el campo de la lectura —en el sentido estricto del término en física: es decir, una masa cuya densidad atrae y absorbe todo lo que la rodea, incluso la luz—. Algo que sin duda es paradójico por tratarse de un gremio que se ufana de ser salvaguarda de la claridad, el conocimiento y la inteligencia.

A lo largo de esta plática intento enfrentar con ustedes esta dificultad. Puedo adelantar que, gracias al trabajo de muchos investigadores, hoy sabemos que leer y escribir son actividades que han tenido distinta significación social a lo largo de la historia. Pero aún no logramos plantear nuestro presente de manera que se realce la esencia procesual de la formación de usuarios de la cultura escrita.[1]

Sabemos también que leer y escribir tiene una profunda significación en el desarrollo emocional, cognitivo, social y cultural de un individuo. Pero apenas empezamos a vislumbrar las formas en que estos factores intervienen y se modifican recíprocamente, que son sutiles y complejas en grados desquiciantes.

La cultura escrita —entendida como la producción, circulación y apropiación de palabras escritas— no constituye un espacio donde los hombres sólo expresan o comunican emociones, ideas o pensamientos. Es, sobre todo, un espacio de constitución de emociones, ideas y relaciones de personas con otras y consigo mismas, con su pasado, su presente y su futuro; con la ausencia y la presencia. Es un espacio

---

[1] En un texto magistral, "Sobre los seres humanos y sus emociones: un ensayo sociológico procesual", Norbert Elias muestra cómo estamos atrapados en una poderosa herencia conceptual que presiona a los hombres a representar en términos estáticos series de eventos que pueden ser reconocidos y comprendidos sólo si son observados como partes o aspectos de un proceso en un continuo flujo estructurado. Véase Norbert Elias, *La civilización de los padres y otros ensayos*, comp. y pres. de Vera Weiler, Editorial Universidad Nacional/Norma, Bogotá, 1998, pp. 229-329.

donde los distintos actores sociales se determinan, se redefi-
nen y se transforman. Por esto hablar de la lectura asignán-
dole una categoría ontológica, como si estuviese separada
del entorno social o afectivo del sujeto, me parece una ilusión mistificadora.

Entonces, ¿de qué manera hablar de los retos de la lectura, como me pide Raquel? Me sentiría tentado a contestar
que no existe tal cosa como "La Lectura", sino una multiplicidad de prácticas disímbolas. Que, por tanto, debemos
pensar en otros retos —sociales, políticos, culturales—, no
en los de la lectura. Pero sería un sofisma.

Puede ser que muchos de los aquí reunidos tengamos en
común haber asumido la palabra escrita como una forma, si
no es que *la forma* de enfrentar desafíos y tareas que no podemos nombrar con claridad. Si es así, ¿estamos ante un
conjunto de ilusos, o ante un grupo de personas que, aun sin
saberlo, ensayan una forma distinta no sólo de plantear los
problemas sino sus soluciones?

Pero volvamos al tema. Desde hace algunos años, la
discusión sobre la lectura parece centrarse en una ansiosa
carrera por vaticinar el futuro de los libros o, para hacer-
nos eco de los augurios más extremos, por saber si tienen
porvenir. Es imposible desconocer esta inquietud. Pero no
quisiera sumarme acríticamente a ella.

No me interesa ser adivino ni clarividente. Recuerden
las películas que intentaban reflejar cómo sería el mundo en
el año 2000. Al cabo de los años, las visiones futuristas des-
piertan ternura y adquieren un tinte profundamente triste,
incluso cuando aciertan.

Por lo demás, no creo que tal proliferación de discursos acerca del futuro sea sólo un fenómeno espontáneo. Al

menos en parte, responde a fuertes intereses económicos de grupos y personas que medran con el terror.[2] Y yo desconfío instintivamente de quienes se alimentan del miedo ajeno.

Suponer que el futuro de la cultura escrita está determinado por las posibilidades técnicas para producir o hacer circular textos es un error alevoso. La técnica abre oportunidades; los hombres, voluntaria o involuntariamente, disponen. Por lo común, hay una distancia muy grande entre los usos y fines previstos por los diseñadores, y los que adquieren en manos de los usuarios. Para no ir más lejos, recuerden Internet: inventada durante la Guerra Fría como un recurso para comunicarse tras un ataque nuclear, se ha convertido en un instrumento que deja al Pentágono vulnerable ante genios cibernéticos de escasos quince años.

Para cualquier observador atento, el presente es un campo asaz complejo. Sin embargo, con frecuencia los discursos que intentan vaticinar el futuro parecen eludir esta complejidad. Me pregunto si en realidad lejos de buscar enfrentar los retos del futuro, los agoreros no pretenden esquivar los del presente, que, dicho sea de paso, son los únicos que podemos acometer.

Y no es que quiera negarle a nuestro presente su singularidad. Como ha señalado Roger Chartier: "la originalidad —quizás inquietante— de nuestro presente se vincula con el hecho de que las diferentes revoluciones de la cultura

[2] Un caso paradigmático fue la exposición de Dick Brass, un alto directivo de Microsoft, durante el 26° Congreso de la Unión Internacional de Editores, en abril de 2000, en Buenos Aires. En ella narró con precisión los últimos veinte años del libro en soporte de papel ante los rostros horrorizados de editores de todo el mundo. Después los invitó a sumarse a los fabricantes del libro electrónico.

escrita, que en el pasado habían estado separadas, se despliegan simultáneamente". En efecto, el texto electrónico es a la vez una revolución de la técnica de producción y reproducción de los textos, del soporte de lo escrito y de las prácticas de lectura.

Por esto Chartier llama a la cautela en las predicciones y convoca a pensar en los múltiples planos implícitos en la cultura escrita y, con su característica reticencia a las afirmaciones contundentes, nos invita a pensar el futuro del libro "justo al revés de las prácticas actuales. Es decir, pensando, corrigiendo y editando mucho, y apoyándose en la reflexión conjunta de la filosofía, la historia, la sociología y el derecho".[3] Convendría que aceptáramos todos su invitación.

Aterrador o promisorio, el futuro se caracteriza por una llamativa oscilación del blanco al negro: estamos ante las posibilidades técnicas de acercar material escrito a todos los habitantes del mundo, pero tal vez en el futuro existirá un nuevo analfabetismo definido ya no por la incapacidad de leer sino por la imposibilidad de acceder a las nuevas formas de transmisión de lo escrito. Por primera vez podemos acercarnos a la realización del sueño ilustrado de que cada ciudadano pueda expresar públicamente su opinión privada sobre los intereses públicos, pero también presenciamos la proliferación de prácticas silvestres de lectura y el crecimiento desmedido de los grandes emporios que controlan el mundo de la informática. En consecuencia, hay fundamentos para vaticinar la pérdida de cualquier referencia común, el encierro de las identidades en compartimentos

---

[3]   Durante su intervención inaugural en el 26° Congreso de la Unión Internacional de Editores.

estancos y la exacerbación de los particularismos. Pero también se podría augurar lo contrario: la hegemonía de un modelo cultural único y la destrucción de las diversidades.

Blanco o negro, ¿de qué color se teñirá nuestro futuro? ¿Cuándo podremos saberlo? La moneda está en el aire y tal vez así permanezca siempre. Como un amago amenazante y una promesa incierta. En todo caso, estoy convencido de que el porvenir siempre se enfrenta desde el mismo lugar, este preciso instante.

En esta conferencia intento hablar desde y hacia la conciencia de la gravedad del presente. Me dirijo a un grupo de personas reconociendo su individualidad y apostando por su diversidad. Quisiera algo más modesto que adivinar el futuro o pretender resolver los grandes problemas que nos aquejan. Deseo construir con ustedes un espacio conceptual que nos permita orientarnos, aunque cada quien elija su propio destino. Por eso se llama "El Norte y la brújula". Tal vez, paradójicamente, tras escucharla se sientan más desorientados. Si es así, de nueva cuenta estaremos en condiciones de igualdad.

1

No sé bien lo que sucede en Europa, ni en qué grado la relación entre los expertos y los legos en España difiere de la habitual en muchos países de América Latina. (¡Y vaya que sería importante conocer si en los países desarrollados los educadores han alcanzado un mayor grado de autonomía!) Pero, cuando en la otra costa del Atlántico a uno le toca estar del lado de los que se supone que saben y tienen autoridad para hablar y dictar conferencias, y debe dirigirse a un grupo de bibliotecarios o docentes preocupados por la formación de lectores, nada es más perturbador que el contraste entre la demanda del público de recetas prácticas y la certeza de que no hay ninguna que pueda ser aplicada mecánica y universalmente; que cada quien debe construir el camino haciendo valer los recursos de que disponen él y su público, porque la lectura reactualiza el valor de cada persona, y es inseparable de la dimensión de lo contingente.

Por esto desde hace años sostengo que lo esencial para trabajar en un proyecto de formación de lectores es tener un Norte y disponer de una brújula.

La idea del Norte es obvia: para ir a algún lado debemos saber a dónde queremos ir, a menos que uno se proponga sólo vagabundear, lo que en sí es también un Norte. La idea de la brújula no es menos trivial. Responde a la dificultad de avanzar en línea recta, algo que, como sabemos, es fácil en el mundo de las matemáticas, pero harto complicado en el nuestro, en el que, por alguna extraña razón, vayamos a donde vayamos, en el camino siempre se atraviesa un abismo o una roca, o nos amenaza un maleante o un toro con los ojos inyectados. Para esquivarlos, es necesario dar rodeos, saltar o meterse en un río. Y, claro, no extraviar la dirección. Justamente por eso es importante llevar siempre una brújula.

En pocas palabras, el Norte y la brújula apuntan a dos condiciones fundamentales de todo proyecto de formación de usuarios de la cultura escrita. Un fin rumiado y la capacidad de leer lo que está fuera de los libros y lo que sucede en el interior de los lectores.

La metáfora es poderosa y ha sido de utilidad para muchos. Pero no es un asunto baladí hacer la traducción del plano de la geografía al de la gestión cultural o educativa. Tomemos la cuestión del Norte. Para que sea efectivo, no se puede inventar, aunque su nobleza fuera indiscutible. El Norte que guíe un proyecto de formación de lectores debe ser descubierto y sobre todo debe ser —como el que atrae la brújula de los exploradores— un Norte magnético. Es decir, capaz de comprometer nuestro ser plenamente. No olvidemos que el potencial movilizador de las palabras escritas o escuchadas está fuertemente condicionado por el halo que las envuelve.

Tampoco la cuestión de la brújula es banal. Se trata de un aprendizaje complejo para relacionar emociones y percepciones, internas y externas, con ideas propias y ajenas. Y conviene recordar que las instituciones educativas rara vez estimulan este aprendizaje que, como se puede colegir, le da al educando condiciones de autonomía frente a la propia institución y sus representantes.

Nos enseñan a respetar nortes inobjetables y, al menos en los discursos, nos entrenan para perseguirlos, como robotitos más o menos camuflados. Pero yo me refiero a otra cosa. No a postulados incontrovertibles ni a férreas disciplinas, sino a pasiones íntimas capaces de suscitar compromisos sociales; a hombres comprometidos con la propia libertad y, en consecuencia, con la de los otros; a inteligencias razonadas y sensibles adiestradas en el diálogo interno y externo.

¿Cuál debe ser nuestro Norte? No lo sé. No creo que haya uno. Cada quien deberá descubrir o construir el suyo. Debo confesar que descreo de muchos de los postulados habituales. No creo que la lectura por sí sola nos haga mejores, más inteligentes, más sabios, ni siquiera forzosamente más cultos. Por lo demás, la historia de la humanidad nos ha demostrado que la cultura no asegura ninguna cualidad moral.

Y la sola mención de fomentar el hábito de lectura me provoca arcadas. ¿Podemos, en efecto, equiparar la lectura con lavarse las manos antes de comer o después de ir al baño? Es muy discutible sostener que la lectura es un hábito, sea éste comprendido como costumbre, acción mecánica que se repite sin mayor esfuerzo (como se entiende desde el lenguaje común), o como una inclinación relativamente constante a hacer u obrar de una manera determinada con una intención deliberada (como se comprende desde la filosofía).

No conozco ni un solo lector que se respete que pueda leer un gran libro más o menos mecánicamente, como se lava los dientes antes de acostarse. Si los libros no logran trastornarnos, ¿para qué diablos sirven?, me pregunto. Todos los lectores atravesamos momentos y temporadas de avidez lectora y otras en las que nos es imposible o indeseable concentrarnos ante un libro.

Como ha señalado Martine Poulain:

> La lectura es reactiva, siempre está inserta en las necesidades de construcción de uno mismo, siempre está pensada como una forma de ida y regreso de uno mismo con los otros [...] Los placeres o displaceres de los textos, los enriquecimientos o empobrecimientos resentidos, las necesidades o vacíos sentidos no tienen que ver solamente con los lectores o con los escritos, sino con los momentos del encuentro, con la espera traída por el lector en un momento dado de su vida.[4]

---

[4]   Prólogo a Michel Peroni, *Historias de lectura*, trad. de Diana Luz Sánchez, Fondo de Cultura Económica, México, 2003.

2

Entre las muchas distopías que se hicieron acerca del fin del libro, ninguna que yo sepa contempló la situación que hoy vivimos: la proliferación de discursos, programas y campañas de animación a la lectura, financiados por gobiernos, Iglesias y entidades privadas.

Siempre al escuchar los lemas que animan a estas campañas, pienso en la frase de Nietzsche: "Un siglo más de lectores todavía y hasta el espíritu olerá mal";[5] entonces me vienen a la mente imágenes de hombres empujando carretillas de billetes convertidos de súbito en basura durante la hiperinflación de 1929 en Alemania, y rumio la enorme paradoja de que el origen de la degradación de la cultura escrita se encuentre en la instrumentación de la educación universal, siendo que ésta buscaba acercar el saber acumulado en las bibliotecas a toda la humanidad.

Es decir, pienso en el valor. En el valor de la lectura, en la lectura como un instrumento para valorar y dar valor, y en la enorme dificultad que experimentamos en esta época compleja para darle valor a la palabra escrita y para valorar a través de ella.

¿Podemos aseverar que la palabra escrita pierde importancia a medida que aumentan los lectores y las letras son parte esencial del paisaje humano? Tal vez, pero es otra afirmación discutible.

---

[5] "Del leer y escribir", en *Así hablaba Zaratustra...*, introd., trad. y notas de Andrés Sánchez Pascual, Alianza Editorial, Madrid, 4.ª ed., 1977, pp. 69 y ss. A lo largo de su obra, Nietzsche —que se precia de ser un maestro de la lectura— hace una crítica feroz contra la lectura ociosa. Recomiendo un hermoso ensayo de Jorge Larrosa acerca de Nietzsche y su relación con la palabra escrita: Jorge Larrosa, *La experiencia de la lectura. Estudios sobre literatura y formación*, Laertes, Barcelona, 2.ª ed., 1998.

Durante mucho tiempo leer y escribir fueron actividades restringidas a una minoría y a ámbitos muy reducidos. Antes que comunicar, la tarea primordial de la palabra escrita fue preservar el orden, garantizar la estabilidad. De ahí que los eruditos hablen del poder de escrituras que no se leían.[6]

Por esta razón, en un principio se evitó lo que constituye quizás el factor dinamizador más efectivo en la cultura escrita: la relación entre lectores y escritores. "De hecho, las funciones estaban tan separadas que quienes controlaban el discurso que podía ser escrito no eran quienes escribían, y muchas veces tampoco practicaban la lectura. Quienes escribían no eran lectores autorizados, y los lectores no eran escribas."[7]

Con el tiempo la disociación entre escribas y lectores se fue abatiendo, aunque aún hoy pervive. Pero en el imaginario colectivo nunca se ha desligado la palabra escrita del paradigma de la conservación, del legado de la humanidad, de las leyes y el orden, de los bienes, de los valores morales, etcétera.

Los doctos que acudían a los recintos donde se guardaban los textos (sea en forma de libros, de códices o rollos) se acercaban a estos materiales seguros de estar ante un venero de sabiduría. Leer era reactualizar las más valiosas verdades y convocar a las más insignes autoridades. Al escribir también se aspiraba a trascender, que es la otra cara de la conservación. La cultura escrita era un espacio privilegiado donde se resolvían problemas. Un resguardo seguro para

---

[6]   Cf. Giorgio R. Cardona, *Antropología de la escritura*, trad. de Alberto L. Bixio, Gedisa, Barcelona, 1999.

[7]   Emilia Ferreiro, *Pasado y presente de los verbos leer y escribir*, Fondo de Cultura Económica, Buenos Aires, 2001, p. 11.

echar mano de la palabra autorizada, un espacio al que se podía acudir con dudas e incertidumbres y tener la certeza de encontrar una respuesta, una voz sabia, la verdad. Poco importaba que en realidad siempre les diéramos a las palabras ahí conservadas un nuevo sentido.[8]

En la medida en que se han multiplicado y diversificado los usos y usuarios, la palabra escrita ha perdido solidez, como el dinero, otra herramienta esencial para valorar. Y, lo que es más importante, la cultura escrita se ha convertido, además de fuente de conocimientos, en surtidor de problemas complejos e inéditos.

La hipótesis que quiero explorar en esta conferencia es arriesgada. Demostrarla tal vez requeriría mucho más tiempo y conocimientos de los que dispongo. Pero quiero aventurarme a hacerlo. La resumo enseguida:

La incertidumbre que enfrentamos, la gran variedad de problemas que nos angustian a quienes trabajamos en el campo editorial o en la formación de lectores, tienen su origen en la extensión y diversificación de usos y usuarios de la palabra escrita y en la creciente dificultad, si no imposibilidad, de mantener la palabra escrita en el paradigma de la conservación.

El corolario de esta tesis es que nuestro mayor reto es seguir utilizando la palabra, escrita o pronunciada, como un instrumento que genere estabilidad y haga habitable el mundo. O, para decirlo de otra forma, el reto es construir un mundo habitable ahora que descubrimos que no hay nada estable, ni siquiera la palabra escrita en la que tantos hombres cifraron sus anhelos de trascendencia.

---

[8] Véase el ensayo "La crisis de las humanidades y la lectura", de Jorge Larrosa, en *op. cit.*, pp. 233-459.

Como expondré más adelante, tal vez lo podremos lograr a través de un ejercicio de lectura y escritura, de percepción y construcción de conceptos y prácticas. Aprender a leer la realidad de una forma distinta posibilita pensar y vivir experiencias diferentes.

Acercarnos a la palabra escrita asumiendo su inestabilidad no es un asunto sencillo de entender y ni siquiera fácil de aceptar. Tengamos en cuenta lo extraordinariamente conservadores que somos los humanos. A muchos siglos de Galileo, los hombres seguimos diciendo que el Sol sale cada mañana y se pone al atardecer. La resistencia para cambiar nuestro acercamiento a la palabra escrita no es de menor envergadura.

A continuación indagaré acerca de algunas causas y consecuencias del cambio aludido. Voy a centrarme en dos grandes transformaciones. La primera se refiere a la economía de la memoria. La segunda, de carácter más amplio y profundo, es la transformación de una economía centrada en el mercado y el intercambio de bienes a una economía en red, a través de la cual se comercian ideas y experiencias. En este contexto, el Estado, la escuela, la biblioteca y muchos de los bastiones que normaban nuestra convivencia amenazan con derrumbarse. Tras el polvo que genera su resquebrajamiento emerge por primera vez en la historia la posibilidad de darle a la palabra escrita un sentido civilizatorio de insospechada magnitud.

3

Gesto o trazo retenido en un soporte material, la palabra escrita siempre ha tenido relación fundamental con la memoria. Esto es algo que comprendieron desde la Antigüedad tanto los enemigos de la escritura (que sostenían que puesto que la palabra escrita no requería de la memoria, afectaba negativamente el verdadero conocimiento y favorecía la charlatanería: Sócrates) como sus defensores y usuarios (que aseguraban que a través de la escritura la memoria se podía ampliar e incluso perfeccionar, pues contaba con un referente para ser confrontada). Ambas posturas tienen razón. Frente a la palabra oral, naturalmente evanescente, la palabra escrita ofrece ventajas innegables: puede pervivir en el tiempo y superar la distancia, ser cotejada y confrontada, y amplía la capacidad de almacenar información. Pero al mismo tiempo reduce la presión para que el sujeto retenga y asimile información.

Los textos no perviven en razón de su valor intrínseco, como gustan pensar los hombres de letras. La perdurabilidad de las obras está relacionada con la resistencia del material en el que fueron transcritas. La arcilla, el papiro, el pergamino, el papel de trapo o cualquiera de los múltiples materiales escriptorios usados a lo largo de milenios no tienen la misma resistencia al tiempo. ¿Por qué utilizamos unos y no otros?

Armando Petrucci, el paleógrafo italiano, sostiene que cada vez que una sociedad decide la utilización de un material escriptorio en vez de otro, lo hace respondiendo a presiones precisas provenientes, en cierta medida, desde abajo. El aumento del alfabetismo y de la necesidad de leer han provocado la búsqueda y, en consecuencia, la invención de nuevas materias escriptorias.[9] En otras palabras,

[9]   Armando Petrucci, *Alfabetismo, escritura, sociedad*, pról. de Roger Chartier y Jean Hébrard, trad. de Juan Carlos Gentile Vitale, Gedisa, Barcelona, p. 275. Las reflexiones que siguen están sustentadas en varios de los ensayos que

aquellas sociedades en las que abunda la producción de textos no pueden usarse materiales de escritura caros. Y una elemental y clara ley económica hace que un soporte barato sea siempre poco duradero.

Por esto, en la Antigüedad clásica se usaba papiro —un material barato y de pervivencia precaria— para almacenar obras que hoy constituyen parte significativa de nuestra tradición, mismas que han llegado a nosotros a través de reescrituras y repeticiones en otros materiales. Por esto también en el Medioevo se utilizaba el pergamino, el más duradero de los materiales escriptorios usados en Occidente. Por esto hemos perdido muchas páginas de Aristóteles y conservamos los manuscritos escolásticos, aunque éstos tengan menor valor intelectual.

¿En qué situación nos encontramos ahora que la palabra escrita ha dejado de ser una prerrogativa de una minoría exigua, o para usar la afortunada expresión de Emilia Ferreiro, ahora que saber leer y escribir no es "marca de sabiduría sino marca de ciudadanía"[10]?

Antes, la transmisión y la conservación de lo escrito era un ámbito y un nudo fundamental de la ideología del gobierno, controlado, regulado y custodiado por los poderes centrales del Estado y por sus propias élites. Restringida y al servicio de los poderes constituidos, la conservación de la cultura escrita estaba al cuidado de los "memorizadores sociales", como los llama Petrucci. Este grupo fungía como

aparecen en este brillante libro. Recomiendo también la lectura del magnífico ensayo de este mismo autor que aparece en Guglielmo Cavallo y Roger Chartier (coords.), *Historia de la lectura en el mundo occidental*, trad. de María Barberán, Mari Pepa Palomero, Fernando Borrajo y Cristina García Ohlrich, Taurus, Madrid, 1997.

[10]   Ferreiro, *op. cit.*, p. 12.

órgano del poder político pero también como portavoz de las presiones sociales interesadas en el control o el acceso a la memoria escrita social.

Hoy que presenciamos la segunda Revolución industrial —la Revolución informática—, han cambiado los cimientos, el estatuto, las reglas y las modalidades de los procesos a través de los cuales un texto escrito, de cualquier género, es compuesto, registrado, transmitido y conservado. Por lo demás, la naturaleza del texto mismo se está transformando en imagen lábil y móvil que transita por la pantalla. De la duración a la fugacidad, del carácter físico del objeto a la virtualidad. Este cambio acarrea consigo perturbadoras consecuencias para todo el sistema que hasta ahora ha garantizado la supervivencia del pasado, tal vez incluso del Estado mismo, al menos como lo habíamos concebido.

En una retícula a la vez omnipresente y virtual hoy se conserva el más inmenso reservorio de información jamás imaginado, alimentado diariamente por millones de usuarios. Pero el proceso de introducción en la red se caracteriza por carecer de un criterio de elección comprensible y racional. Además, todo el mecanismo funciona al margen de cualquier limitación espacial y temporal, por tanto, fuera de nuestro tradicional modo de concebir la práctica y los procesos de transmisión del saber.

Como apunta Petrucci, antaño los memorizadores sociales se controlaban de acuerdo con criterios políticos o culturales rígidos. Hoy, por primera vez de una manera tan clara y directa, ha cesado su función. Los poderes públicos se están retirando del control directo o indirecto de una realidad textual. Las únicas reguladoras del flujo son las industrias multimedia y de comunicaciones, que por su propia naturaleza y sus propios límites son incapaces de controlar firme y racionalmente un territorio tan vasto y delicado. Ni tendrían por qué hacerlo. Se trata de industrias carentes de escrúpulos y de relaciones con la realidad social, de modo que son ajenas a la naturaleza y significado de lo que transmiten y distribuyen, y no asumen la responsabilidad social de conservarlo. De ahí que debamos preocuparnos ante el hecho de que el problema de la conservación sea soslayado o delegado a quién sabe quién, y se torne inminente la ruptura de una cadena de transmisión textual que ha durado milenios.[11]

¿En qué medida estos cambios están en consonancia con las mutaciones de la economía en general?

La era del acceso es el título de un libro apabullante y esclarecedor en el que Jeremy Rifkin le da coherencia a una multiplicidad de manifestaciones que todos nosotros hemos registrado desordenadamente: "En esta nueva era, los mercados van dejando sitio a las redes y el acceso sustituye cada vez más a la propiedad. Las empresas y los consumidores comienzan a abandonar la realidad básica de la vida económica moderna: el intercambio mercantil de la propiedad entre compradores y vendedores".[12] En la economía-red, en lugar de intercambiar la propiedad, es más probable que las empresas accedan a la propiedad física e intelectual. El capital intelectual es la fuerza motriz de la nueva era y el más codiciado. Los conceptos, las ideas, las imágenes, y no las

---

[11]   Petrucci, *op. cit.*, pp. 290 y ss.

[12]   Jeremy Rifkin, *La era del acceso. La revolución de la nueva economía*, trad. de J. Francisco Álvarez y David Teira, Paidós, Barcelona, 2000, p. 14. Es pertinente aclarar que esto no significa que la propiedad desaparezca. Por el contrario, se ha concentrado de una manera nunca antes vista. Lo que sucede es que es bastante menos probable que se intercambie en el mercado.

cosas, son los auténticos artículos con valor. Y el capital intelectual rara vez se intercambia, los proveedores lo retienen rigurosamente y lo arriendan, u ofrecen a otros la licencia de su uso por un tiempo limitado.[13]

Tomemos un ejemplo de la agricultura, un sector esencialmente conservador. El campesino de hoy ya no compra semillas, las alquila por un año. Las semillas son propiedad intelectual de quien las registra, y no han faltado bribones que quieran apoderarse de las milenarias creaciones de la naturaleza como si fuesen sus obras.[14]

Fiel a su voracidad implacable, el capitalismo busca mercantilizar la totalidad de la dimensión humana. Las empresas regalan o venden a precios ínfimos los productos, pero cobran por sus servicios. Lo que buscan es establecer una relación mercantil permanente. Antes la interacción mercantil se limitaba a la compra de productos, y éstos eran más o menos duraderos. Ahora todo es perecedero de manera deliberada, la famosa caducidad programada, y las empresas buscan situarse en el mercado como ofrecedoras de servicios. No nos venden una fotocopiadora, sino el servicio de fotocopiado, por poner un ejemplo sencillo. El hecho decisivo es que "cuando prácticamente todo se convierte en servicio, el capitalismo [...] pierde su origen material y se transforma en un asunto de pura temporalidad".[15]

Es por eso precisamente que la cultura se ha convertido en una mercancía tan privilegiada. Uno puede hartarse de

---

[13] *Ibid.*, p. 15.
[14] El caso más extremo es el de un hombre que no es propietario de una hormona secretada por su cuerpo pues la universidad realiza la patente. Pero tiene implicaciones en prácticamente todos los campos de la economía, incluso en los más alejados del mercado global. V. *ibid.*, pp. 97 y ss.
[15] *Ibid.*, p. 136.

comprar objetos, pero la avidez de experiencias es insaciable. Y ahora nadie vende un producto sino la experiencia que supuestamente ese producto genera. El sistema capitalista se sirve del marketing para traducir normas, prácticas y actividades culturales en mercancías. Los mercadólogos utilizan artes y tecnologías de la comunicación para atribuir valores culturales a productos, servicios y experiencias, inyectando significación cultural a nuestras compras. Los vendedores acaban desempeñando el papel que antes solían tener las escuelas, Iglesias y otras instituciones en la creación, interpretación y reproducción de la expresión cultural y en la conservación de las categorías culturales.[16] Por lo demás, todos deberíamos recordar que los recursos culturales en manos del comercio corren el riesgo de la sobreexplotación y el agotamiento, de la misma manera que los recursos naturales lo sufrieron durante la era industrial.[17]

Imagino que a estas alturas muchos de ustedes piensan que estoy divagando en cuestiones que no tienen que ver con los retos de la lectura. Ojalá fuese así. Las transformaciones de las que estoy hablando se reflejan de manera creciente en la vida profesional y personal de cada uno de nosotros. Incluso si trabajamos en el apacible "corral de la infancia", para usar una expresión de Graciela Montes y convocar su presencia.

Tomemos, por ejemplo, el tópico del "placer de la lectura", hoy tan en boga. Conviene preguntarse si refleja el genuino interés de la sociedad por formar sujetos autónomos o si, por el contrario, responde a la degradación de la cultura letrada, a la comercialización de la experiencia.

[16]   *Ibid.*, pp. 225 y ss.
[17]   *Ibid.*, p. 23.

¿Qué es el placer? Michel Tournier ensaya una respuesta oponiendo al concepto placer el de alegría, no el dolor o el displacer: "Sólo la alegría es intrínseca a la creación. La Biblia no dice otra cosa en aquel versículo que concluye cada día del Génesis: *Y Dios vio que era bueno* […] El placer es una cosa muy distinta. Así como la alegría da color a la creación, el placer acompaña al consumo, es decir, a una forma de destrucción".[18]

La expresión más acabada de la destrucción a la que puede conducir la defensa de la lectura como placer es lo que le sucedió al más entrañable de los álbumes publicados en el siglo XX. Me refiero a *Donde viven los monstruos*, de Maurice Sendak. Ahora esta obra se ha convertido en un centro de atracciones en San Francisco, California: "Es un campo de juego del tamaño de un estadio poblado por monstruos de dientes afilados y ojos amarillos, que cuelgan del techo y se esconden en distintos parajes. Los niños pagan una entrada de siete dólares para corretear las cuevas y túneles, construir sus propias torres y tirar de cuerdas y palancas para que los monstruos salten por los aires".[19] Frente a tanta parafernalia electrónica, ¡cuánto más poderosas se revelan unas desvalidas páginas de papel impreso!

Sin duda se podrá objetar que tales campañas en realidad intentan contrarrestar a la asociación de la lectura con la obligación, etcétera, y que siempre es mejor el consumo

---

[18] Para facilitar, uso la traducción del pasaje bíblico que aparece en el libro y que debe reflejar lo que el autor escribió. El texto hebreo usa dos palabras: *ki tov*, que literalmente debería decirse: *que hace y es bueno*, como cuando los bebés dicen "bueno" para expresar a un tiempo algo que es bueno, les hace bien, es bonito y los contenta. Michel Tournier, *El espejo de las ideas*, trad. de L. M. Todó, Quaderns Crema, Barcelona, 2000, pp. 113-114.

[19] *Ibid.*, p. 212.

que la tortura de la lectura didáctica o moralizante. Es verdad, las cosas no son simples. Pero soy escéptico, y me resisto a creer que a quien detenta el poder político y económico en nuestra sociedad le interesa genuinamente la formación de lectores, menos ahora que las ideas y la imaginación se han tornado en la principal fuente de valor. Me parece más realista enmarcar estas transformaciones en la necesidad de abrir la cultura al consumo y convertir la experiencia en mercancía.

En el marco de este proceso, el público se ha convertido en el señor de la cultura. Muchos de los aquí presentes lo han constatado al seguir la evolución de la edición de literatura infantil en nuestra lengua, por poner un ejemplo próximo. Pero si alguna duda tienen, revisen la sección financiera de la prensa. En estos últimos diez años el sector editorial cotiza en el sector de la industria del entretenimiento.

Pero no todo es sombrío. Insisto, no es un proceso unívoco. La propia evolución del campo de la lectura nos proporciona varios datos esperanzadores. Menciono como ejemplo el papel cada vez mayor que tienen los dos grandes invitados por la modernidad a la cultura escrita: las mujeres y los niños. El diálogo que se pueda sostener con ellos es inédito y promisorio. Es un gran reto. Pero ése es otro tema.

Quiero acabar mis reflexiones analizando la llegada de otro actor omnipresente, pero invisible. Me refiero al gran intruso que se ha metido en la fiesta de la educación como un enorme tumor incontrolado, rompiendo las ilusiones. Alguno quizá lo habrá adivinado; estoy hablando de los lectores, esos desconocidos.

4

Sé que puede parecer una provocación hablar del lector como un intruso. Por eso debo explicarlo. Aunque en el campo de la literatura desde hace siglos algunos escritores han tenido conciencia de que lo que acontece durante la lectura no coincide con las intenciones de los autores (pienso en Sterne o Diderot, por ejemplo), en el de la educación nos hemos resistido a aceptarlo.

En los preceptos ilustrados, los que animaron la educación universal, tal discordancia no estaba contemplada: "En el siglo XVIII, la ideología de las Luces quería que el libro fuera capaz de reformar la sociedad, que la vulgarización escolar transformara las costumbres y los hábitos, que una élite tuviera con sus productos, si su difusión cubría el territorio, el poder de remodelar toda la nación. Este mito de la Educación ha inscrito una teoría del consumo en las estructuras de la política cultural".[20]

Pero una cosa son los deseos y otra la realidad y, como lo ha señalado Emilia Ferreiro, "la democratización de la lectura y la escritura se vio acompañada de una incapacidad radical de hacerla efectiva".[21]

La escuela pública obligatoria logró aumentar significativamente el número de personas con capacidad de firmar y oralizar textos escritos (aunque las cifras de analfabetos siguen siendo insultantes). Pero una significativa porción de sus egresados no son letrados ni cumplen con las expectativas cifradas en los discursos educativos. Hace algunos

---

[20] Michel de Certeau, "Leer: una cacería furtiva", en *La invención de lo cotidiano I. Artes de hacer*, trad. de Alejandro Pescado, Universidad Iberoamericana, México, 2000, p. 178.

[21] Ferreiro, *op. cit.*, p. 13.

años se les comenzó a llamar iletrados, analfabetos funcionales, pequeños lectores, etcétera. Las dudas en la aplicación de los términos corresponden al desconcierto por su llegada imprevista y contundente. Ni siquiera se sabe cómo estudiarlos.

Algunos son lectores con capacidad para oralizar textos, pero no para extraer de ellos sentido. Otros tienen capacidad para leer y escribir, pero no leen ni escriben. Algunos leen asiduamente, pero no se reconocen como lectores, pues reservan el término para quienes se acercan a los textos autorizados, no a los pasquines. Otros leen mucho y olvidan más. Hay quienes leen poco y, sin embargo, extraen de los libros enseñanzas sorprendentes que les transforman la vida.

En medio de discursos catastrofistas acerca de la inminente extinción del libro y los lectores, la industria editorial produce más material impreso que en ningún otro momento. Internet y las nuevas tecnologías han hecho proliferar usuarios de la palabra escrita silvestres e incontrolables. La escuela y las instituciones culturales no habían previsto esta proliferación invasiva. Pretenden atenderlos, sin embargo los ignoran. Insisten en plantear su labor a partir de un modelo perimido. Si no funciona es un defecto de la realidad, no del modelo.

Desde instituciones internacionales y ministerios de educación, en todo el mundo una poderosa tecnocracia ha generado programas para remediar esta situación. Con supuesta eficacia técnica, y buscando eficiencia económica, reducen al mínimo las relaciones intersubjetivas. El sustento implícito en todos ellos es la identificación del consumo con la pasividad.

Por suerte tampoco aquí estamos ante un movimiento uniforme. Desde hace muchas décadas y desde distintos campos del saber se ha roto la ilusión de que existe una identidad entre la oferta y la recepción, entre la enseñanza y el aprendizaje, entre lo que dicen los libros y lo que sucede en la lectura.[22] Una de las mayores enseñanzas que nos aportó el siglo XX es que "asimilar" no significa necesariamente "volverse parecido a lo que se absorbe", sino "hacerlo semejante" a lo que se es, hacerlo suyo, apropiárselo o reapropiárselo.[23]

Es aparentemente sencillo comprenderlo. Piaget lo ilustró con el ejemplo de las coles: un hombre que come coles no se convierte en col. Sin embargo, los problemas que plantea este viraje son enormes, tanto para la comprensión de lo que pasa como para las prácticas de cualquiera de los que trabajamos en el campo de la educación. Sobre todo si se busca asumir responsabilidades sociales.

A pesar de esto, con entusiasmo y tenacidad encomiables, hay quienes trabajan y consiguen resultados notables. Son personas que se niegan a aceptar que la formación lectora tiene más que ver con la herencia que con la educación, como señaló Jean Hébrard con cáustica lucidez. Sostienen su testaruda tenacidad en compromisos políticos y sociales y en la convicción de que formar lectores es una condición indispensable para una sociedad más justa y democrática, pues leer y escribir permite el desarrollo de procesos metacognitivos vitales para una comprensión más cabal de las relaciones intersubjetivas, ayuda a autocontrolar pulsiones,

[22] Éste es un punto común de las obras de Piaget, Rosenblatt, Chartier, Ferreiro, Bruner y muchos otros.
[23] Michel de Certeau, *op. cit.*, p. 178.

a generar condiciones de previsibilidad, posibilita el ingreso en el universo simbólico. En suma, es una actividad fundamental del proceso civilizatorio.[24]

Y en efecto, leer y escribir puede ser eso y mucho más. Pero nada de eso se consigue por leer y escribir mecánicamente. Se trata de un tipo de experiencia de lectura que involucra la presencia real o simbólica de otros y de uno mismo como otro.

Al analizar con lucidez y empatía las resistencias de muchos niños a la lectura, Serge Boimare —educador de oído atento y autor de un libro fundamental: *El niño y el miedo de aprender*[25]— lo expresa con claridad: aprender no es sólo poner en juego la inteligencia y la memoria, como suele pensarse con no poca ligereza; implica también involucrar toda una organización psíquica personal. Por esto, para saber leer es necesario pasar de la forma de las letras y las palabras a sus sentidos; y eso exige un paso obligado por el mundo interior, por las propias imágenes y representaciones personales.

La conclusión es evidente: sólo es posible trabajar en la formación de lectores si se atienden las condiciones en las que se puede dar positivamente una compleja relación entre la palabra oral y la palabra escrita; entre el silencio y la palabra; entre uno mismo y los otros. ¿Alguien está dispuesto a asumir los costos que esto implica?

Aquí de nueva cuenta nuestro futuro se torna incierto. Pues aunque se trata del desarrollo psíquico de individuos singulares, cada tiempo determina las modalidades de las

---

[24] Sólo el aprendizaje de la lectoescritura y la aritmética demanda una alta medida de regulación de pulsiones y afectos. V. Elias, *op. cit.*, p. 437.

[25] Serge Boimare, *El niño y el miedo de aprender*, trad. de Sandra Garzonio, Fondo de Cultura Económica, Buenos Aires, 2001.

relaciones intersubjetivas. Y las de nuestra época tienen la misma ambigüedad que hemos registrado en otros campos. También aquí lo sólido se derrumba.

Para hacer sólo un breve recuento, en algún momento comunicarse con otros supuso principalmente un encuentro con un rostro: el diálogo estaba acompañado de un intercambio no verbal —de feromonas, de olores, de gestos corporales— que determinaban el sentido de las palabras. Con la aparición de la escritura se pudo trasponer ese límite. Escribir supuso un ejercicio de domesticación de los impulsos y las emociones. Si se hacía con pluma de ganso, la lentitud de la mano facilitaba la rumia del cerebro. Cortázar diría que la Olivetti 22 facilita sintonizar el amor con el ritmo del jazz. De cualquiera de las formas la comunicación suponía un enfrentamiento o una resistencia.

Hoy vivimos en un mundo en el que se ha reducido al mínimo la resistencia del material —ya es posible dictar directo a la computadora o el teléfono—, que implícitamente presentaba el rostro ajeno. La comunicación se puede realizar instantáneamente de un lugar a otro del planeta, y escribir no necesariamente es dejar huellas personales: los procesadores de texto corrigen la ortografía y la sintaxis, podemos cortar y pegar, cambiar la letra, etcétera.

El desarrollo tecnológico, las modificaciones en las formas de leer y las pautas de veracidad: todo se presta para que la palabra escrita nos permita una comunicación sin resistencias. Los seres a los que nos dirigimos y los que leemos son cada vez más seres medio fantasmáticos. Hacemos que las palabras escritas respondan a nuestros deseos y fantasías, a nuestros terrores y manías. Por cierto, no sólo en la vida privada: también en la academia.

Estas modalidades de la comunicación quizá tengan como corolario la desaparición de tabúes ancestrales. Quizá propicien un proceso francamente incivilizatorio. ¿No deberíamos buscar ahí la causa de los crímenes aparentemente inexplicables que hemos visto en las escuelas norteamericanas? Después de todo, también el arte de matar ha sufrido una mutación radical. Antes, para matar a alguien se necesitaba ser capaz de levantar una espada o sostener un rifle. Asesinar conllevaba sudor y sangre. Hoy podemos mascar un chicle, apretar un botón y dejar sin habitantes una ciudad entera.

¿Cómo enfrentar este panorama desolador e incierto desde la *anodina* lectura? Volviendo al principio, a la hospitalidad. La arena que conforma los desiertos fue en algún momento rocas. Lejos del paradigma del progreso teleológico y de las grandes construcciones, des-cubiertos en el páramo, sobreviviendo entre las ruinas de la solidez, podemos hacer de los libros carpas trashumantes. Casas de campaña de nómades para nómades. Para acoger verdades de arena y a hombres de carne y hueso.

Los habitantes del desierto lo saben: la tierra es un lugar extraño e inclemente, y sólo el hombre acoge al otro hombre. Por eso han generado reglas estrictas de hospitalidad: mientras esté en su casa, un beduino jamás matará a su huésped.

Y "no matarás", el sexto mandamiento, se ubica justamente en el corazón de los preceptos que hacen habitable el mundo. Es tal vez la raíz de todos. El tabú fundamental. El que mata calla radicalmente al otro. Pero también es al revés. El que calla al otro, lo mata de una manera esencial. No podemos permitir que se haga de los libros una casa donde se tolere este asesinato silencioso. El extraño que acogemos en los libros eres tú y soy yo. Un tú y un yo cualquiera. Un tú y un yo como dos dimensiones del lenguaje y la existencia indisolublemente ligadas.

¿Por dónde comenzar? Tal vez por escuchar, que es algo menos simple de lo que se piensa.

Los editores, los maestros, los bibliotecarios y promotores culturales debemos hacer cosas: estrategias, actividades, campañas, carteles. Pensar que la formación de un lector depende de la profusión de estas actividades es una fantasía narcisista con pocos asideros en la realidad.

Cada vez me es más claro que la naturaleza de nuestro trabajo debe ser otra. Que la intervención debe ser más discreta. Y que esa discreción es, paradójicamente, más exigente que la parafernalia al uso.

Y es que se trata de escuchar con el cuerpo y con la inteligencia, con el compromiso de la escucha atenta. Es decir, sin asumir nada previo más que un respeto radical por el otro.

El reto de la lectura puede ser ése: abrirla a la escucha. Al compromiso de la escucha.

Como la lectura, la escucha es algo más activo que pasivo. Exige atención y de manera simultánea un relajamiento extraño, una intervención y una discreción rara: siempre igual, siempre distinta. No podemos saber, antes de escuchar, cómo vamos a reaccionar. Ni sabemos qué emociones o ideas se movilizarán en nuestro interior. Escuchar nos abre a una dimensión del tiempo, una dimensión del porvenir como la posibilidad de un nosotros. Nos comunica a un tiempo que es y no es nuestro.

Sé que ante los retos y desafíos que afrontan las grandes instituciones lo que estoy diciendo puede parecer simple e ingenuo. Que, ante los pavorosos diagnósticos que se publican en los diarios, proponer la escucha como un reto no justificaría un titular de ocho columnas, si bien podría llegar a la sección de sociales ("Es difícil / sacar noticias de un poema / pero los hombres todos los días / mueren miserablemente / por no tener aquello que tienen / los poemas", dice William Carlos Williams). Al fin y al cabo, cualquiera diría que escuchar es algo que hacemos ordinariamente.

Pero todos sabemos que no es cierto, que escuchar al otro nos puede atravesar como un rayo fulminante. Sabemos también cómo nos libera la escucha del otro. Es una actividad radicalmente difícil. Requiere un enorme compromiso, con uno mismo, con lo acontecido y con lo que está por acontecer. Como la lectura: en su debilidad está su fuerza. En su cotidianidad, su enorme potencial transformador. ¿Puede alguien siquiera imaginar una sociedad en la que la escucha a través de la palabra oral y escrita sea una práctica extensiva y generalizada? ¿Cuántas relaciones e instituciones, cuánta opresión y sufrimiento se sostienen en la negación de la escucha?

Asumirlo me conduce a replantear la petición de Raquel: no se trata de los retos de la lectura sino de plantear la lectura como reto y desafío a un nosotros incierto. Tal es el dilema de una especie que ha hecho de la palabra el más eficaz instrumento civilizatorio y dispone del poderío para hacer desaparecer al planeta.

Tal vez estoy cometiendo una herejía imperdonable, pero sostengo que en el principio no fue el verbo, sino el silencio y el temor. Después vino la palabra, nos ofreció un resguardo y nos permitió construir una morada en un territorio hostil. Eso hizo más habitable el mundo. En la actualidad esa dimensión trascendental de la palabra es la que está en juego. Aunque a veces, como ahora, haga falta el silencio para comprenderlo.

La inevitable debilidad radical del lenguaje

Reflexiones sobre la formación de lectores y la formación de ciudadanos

EL TÍTULO DE ESTA CONFERENCIA ES, CUANDO MENOS, algo extravagante. Permítanme disculparme con una larga introducción.

La educación primaria en América Latina vive una suerte contradictoria. Nadie duda de la trascendencia de los primeros años de vida en la formación cognitiva y afectiva de la persona. Sin embargo, y paradójicamente, este sector educativo sigue en el desamparo y sufre carencias antiguas. No es necesario abundar en ellas, ustedes las conocen y padecen. Si nuestros países no tuvieran una estructura piramidal tan pronunciada, la educación primaria no sería lo que funcionalmente es: un gran cernidor que reproduce dicha estructura.

Pero la educación no sólo cumple una función conservadora del orden social. Es también un mecanismo decisivo para el cambio. Y es en esa tensión entre dos funciones contradictorias inherentes a la educación donde el tema de la formación de lectores y ciudadanos tiene significación.

Dado que una deficiente educación primaria perpetúa la inequidad, muchos hemos visto en ella un enorme potencial para transformar los problemas estructurales de nuestra sociedad. Quiero entender así, al menos, parte de las campañas de animación a la lectura que proliferan en la región con belicosa efervescencia. Pero es tal la urgencia de actuar que a menudo la instrumentación de una política educativa de mejora se convierte en una fábrica para producir cursos al vapor.

Con urgencia responden las instituciones a la apremiante solicitud del maestro de primaria. Y, tal vez por el deseo de actuar pronto, no pocas veces este profesor prefiere concebirse como mero receptor de un saber práctico. "No quiero filosofía, quiero saber cómo lo hago. Dime qué hacer", es una petición que escuchamos con frecuencia.

Esta conferencia parte de una posición contraria: la idea de que es importante recuperar para los maestros un espacio de reflexión e incentivar el deseo de experimentar, incluso a riesgo de propiciar equivocaciones. Asumo que el docente que busca generar en el alumno inquietud por participar en la construcción del conocimiento, no podrá conseguirlo si no se concibe a sí mismo como un investigador de su propio oficio. Necesita sentir que está aprendiendo para transmitir la alegría del conocimiento. Qué alegría si se puede hacer en compañía, contrastando ideas y hallazgos.

He querido ser consecuente con esta afirmación. Por eso, cuando me invitaron a hablar aquí señalé diferentes temas sobre los que podía tratar. Temas que, por decirlo en lenguaje propio de niños, ya sé. Pero luego dije que prefería proponerles algo nuevo y que mi verdadero interés era la formación de ciudadanos. Desde hacía muchos años había decidido que mi trabajo no era solamente producir ni vender libros, sino formar lectores o, para ser más precisos, ayudar a formar un tipo especial de lectores.

En esos días leí un poema de Olga Orozco en el que ella habla de su entrega a las palabras y de cómo éstas siempre se desvanecen. Quiero compartir con ustedes un fragmento: cuando la poeta descubre que las palabras son menos que las últimas borras de un color, que un suspiro en la hierba, fantasmas que ni siquiera se asemejan al reflejo que fueron: "Entonces ¿no habrá nada que se mantenga en su lugar, / nada que se confunda con su nombre desde la piel hasta los huesos?".

Me conmovió su acercamiento a la palabra escrita, su aceptación de esa imposibilidad como condición de ser, y, sobre todo, el título del poema: "En el final era el verbo". Aunque la palabra fuera siempre esquiva y huidiza, Orozco la había elegido como su forma de habitar nuestro mundo precario. Esa aceptación de lo paradójico enaltece su elección. La palabra no es sólo origen, como nos transmite el mito: puede ser también destino. Un frágil y singular destino.

Pensé que en otros terrenos, digamos en el político, son pocos los que aceptan esto con tal claridad, y que la lección que nos ha dado el siglo xx es que en la rebelde aceptación de las más profundas contradicciones, y no en su pretendida solución, es como debemos pugnar por un mundo más justo.

Entonces se me ocurrió el título de esta conferencia: "La inevitable debilidad radical del lenguaje. Reflexiones sobre la formación de lectores y ciudadanos". No sabía en ese entonces hasta qué punto ni por qué estaban ligadas sus partes. Y, para ser honestos, todos los conceptos implicados en el título no pasaban de ser una nebulosa intuición.

Tenía presente el temor ancestral que la humanidad ha tenido ante lo inestable, lo aleatorio e imprevisible. Tal vez porque lo cambiante es el inequívoco anuncio de nuestra condición perecedera. Sabía que por ello encontramos consuelo y sosiego en lo constante, lo predecible, lo repetitivo, remedo acaso de una eternidad imposible. Es un saber casi instintivo que cada madre actualiza al instituir pequeños ritos domésticos para serenar a sus pequeños.

Tenía claro que de muchas formas los humanos hemos depositado en la escritura su esperanza de trascender el mundo mutable. Por eso el dicho popular equipara escribir un libro con plantar un árbol o tener un hijo.

Escritura proviene etimológicamente de *grabar*: del indoeuropeo *(s)kribh-* (cortar, separar, distinguir). La primera escritura es la de nuestro nombre, la firma. Y *firmar* proviene del verbo indoeuropeo *dher*: detener, dar firmeza, sostener. Había constatado en mí y en muchos niños cómo esta simple operación otorga una nueva presencia en el mundo.

En mi cabeza rondaba también la idea de que, de alguna forma, la inquietud del hombre ante la fugacidad y lo aleatorio se ligaba a la molestia que sentimos frente a la subjetividad ajena: los otros son siempre imprevisibles e incontrolables. Y trazaba una analogía poco clara entre la subjetividad identificada con la fugacidad de lo oral, y la objetividad identificada con la escritura. Palabras pronunciadas, esquivas e imperfectas: puro viento. Palabras escritas, cerradas, perfectas en su contundencia, insolentes desde ese lugar que ha superado la transitoria condición humana.

A esas atribuciones —su capacidad para permanecer, fijar el sentido, eliminar la subjetividad, vencer el tiempo y la muerte— las identificaba con la fortaleza del lenguaje. Vagamente intuía que en la fortaleza atribuida a la palabra escrita se fundaba el enorme poder que muchos le asignamos a la lectura. Las palabras fijadas en el texto, al ser leídas, se debían grabar en la mente de los lectores. Dicho así suena ridículo, pero ésta es la suposición en la que se sustentan la censura y muchas creencias pedagógicas. Cuando un mentor prescribe un libro para encaminar a los niños por el recto camino, cuando un dictador quema otro para evitar que la gente piense, ¿no le están atribuyendo a la palabra escrita la capacidad de moldear la conducta? ¿No suponen en el fondo que lo que el texto dice se graba en la mente del lector y norma su conducta? También los historiadores con frecuencia creen que las ideas de un libro se imprimen en la voluntad de los pueblos como un sello de hierro en la cera, y por eso acostumbraban interpretar como origen de determinado movimiento social la aparición de tal o cual libro, como ha señalado con sorna Roger Chartier.

Me pareció atractivo explorar estas asociaciones y analizar las atribuciones que solemos darle a la palabra escrita. Ver cómo éstas sustentaban concepciones y prácticas concretas, y después revisar con ojos frescos la pregonada vinculación entre formación de lectores y ciudadanos.

Me era todavía más importante porque mi propia experiencia como usuario habitual de la cultura escrita me ha permitido comprender que esas atribuciones son, al menos parcialmente, falsas. Y que la escritura no consigue vencer a la muerte, a lo aleatorio, a lo fugaz, a lo impredecible.

De hecho la literatura está llena de testimonios así. Desde el "Yo soy otro" de Rimbaud hasta el "Ah, que tú escapes en el instante / en el que ya habías alcanzado tu definición mejor" de Lezama Lima, la experiencia literaria da cuenta de cómo la escritura ayuda a comprender mejor la otredad, lo aleatorio, lo subjetivo y lo fugaz, no a remediarlos. Muchos niños lo pueden percibir, aunque en la escuela habitualmente se evite con ahínco la apertura a esa otra faceta de la realidad a través de la palabra escrita.

Y años y años de leer libros y hablar de ellos, de compartir o guiar lecturas, me daban la certeza, ésta sí total, de que la lectura siempre tiene algo de inaprensible, algo que escapa al pleno control, incluso propio.

Por oposición —y en el lenguaje nebuloso de mis intuiciones—, llamaba "debilidad radical del lenguaje" a esa imposibilidad de fijar y controlar, a esa apertura a lo otro y los otros. ¿Por qué si eso que yo llamaba la debilidad del lenguaje puede ser percibido por cualquier lector en un sencillo ejercicio de introspección, y la escuela y otras instituciones lo rechazan con tanto empeño?

Me parecía que quizás en esa reacción contra la debilidad del lenguaje se encontraban algunas claves importantes para la comprensión de un modelo de educación lectora estrecho y de ciudadanía excluyente. Ésta era finalmente la intuición que había que investigar. Pero ¿por dónde empezar esa pesquisa? Todos los atributos otorgados a la palabra fijada sólo son posibles en sociedades donde la escritura opera. Por tanto, había que sumergirse en la historia. Así se inició el camino.

En el tiempo de preparación de esta conferencia he ido encontrando algunas confirmaciones de estas primeras intuiciones y nuevos problemas. A decir verdad, se me han abierto muchas más dudas que las que he acallado.

La comprensión de estos problemas amerita entrar en campos de conocimiento muy amplios (antropología, historia, lingüística, filosofía, sociología, etcétera). Y por todos lados hay albañiles construyendo; no es que no haya nada escrito, es que se está reescribiendo. Tal vez porque estamos en los albores de un cambio tan importante como el que aconteció con el advenimiento de la imprenta, en las últimas décadas el conocimiento y la problematización acerca de los alcances de la cultura escrita se han multiplicado de manera vertiginosa. Ahí donde encontraba una tesis luminosa y esclarecedora, pronto otros investigadores la matizaban y reducían su alcance.

Lo que sigue es una exploración sobre la confianza en la palabra escrita, realizada por un hombre que confía en ella, pero que justamente por ello cree que es importante acotar.

Ahora sí, permítanme comenzar.

★ ★ ★

El título de esta conferencia supone algo que, a pesar de que se repita con frecuencia, dista mucho de ser claro: que la formación de lectores está relacionada con la formación de ciudadanos.

La palabra escrita está a tal grado inscrita en nuestro ejercicio ciudadano que para ser reconocidos como tales debemos tener nuestro nombre escrito en alguna parte y saber firmar (aunque sea con una cruz). Pero los que hablamos de lectura y formación ciudadana nos referimos a otra cosa. ¿A qué exactamente?

Cuando nos detenemos a pensarlo comenzamos a sospechar que hay en ello algo de frase hueca, de buenos propósitos y poco más.

Y es que hace falta desmenuzar tanto la lectura como la formación de ciudadanos para comprender su significación concreta. Ambos conceptos engloban prácticas y concepciones heterogéneas. La significación real de la relación entre ciudadanía y lectura no se da desde la globalidad de los posibles significados, sino desde la concreción que le otorgan esas prácticas o concepciones.

Empecemos, pues, a desmenuzarlas.

La forma más generalizada de entender el lenguaje es como un instrumento de comunicación. Esta idea ingenua supone que lo usamos para transmitir ideas o pensamientos formulados externamente a él. Correspondiente con la concepción instrumental del lenguaje como tal, se identifica la escritura como una codificación del lenguaje oral. La posterior decodificación de lo oral posibilita su reconstitución por otro hablante. Y así se amplía el universo de la comunicación, en el tiempo y el espacio.

Estas ideas del lenguaje y la escritura son las únicas que verdaderamente asumen la mayor parte de los usuarios activos de la lengua escrita y, sin duda, las únicas recuperadas por el sistema escolar en su totalidad. Los niños copian lo que el maestro dice para retenerlo y revivirlo en casa, leen lo que el autor "quiso" comunicarles, escriben en el examen lo que podrían decir si en la clase no hubiera treinta como ellos y poco tiempo para ser escuchados. La escritura retiene, como una espora, lo que la lectura reactiva.

Estas concepciones son, por lo menos, parciales, pero no por ello dejan de tener alguna relevancia para el tema de la formación de ciudadanos, al menos para cierta concepción de la ciudadanía. De hecho es más que probable que durante mucho tiempo el principal papel de la escritura haya sido ampliar el radio de acción de la palabra: cuando el espacio social empezó a ser demasiado grande para que todos escucharan de viva voz a la autoridad se hizo necesario contar un instrumento más eficaz para comunicar la ley o instrucciones a los ciudadanos.

Quisiera explorar el tema a partir de una noción de lenguaje sustancialmente distinta de esta visión instrumental.

Supongo, en primer término, que el lenguaje envuelve y trasmina toda nuestra experiencia, que no podemos pensar fuera de él y que incluso lo que sentimos o imaginamos está constreñido o potenciado por él. El lenguaje no sólo es un instrumento con el que los hombres nos comunicamos, sino una herramienta con la que nos constituimos a través de diversas prácticas discursivas, banales o sublimes, utilitarias o placenteras, privadas o públicas: nombrar el mundo, reclamar u otorgar afecto, dialogar, fijar o discutir precios, contar o escuchar historias, escribir o leer anuncios, cartas o instrucciones, interpretar documentos, rezar o debatir.

Éstas y otras prácticas nos constituyen. Desde esta perspectiva la escritura no es meramente la codificación de lo oral. Es una representación del lenguaje que posibilita o potencia ciertas operaciones que no forzosamente se ciñen a la función comunicativa.

Recordemos, por ejemplo, que desde la Antigüedad existe una variedad de prácticas de algo que podemos llamar escrituras fugaces o caducibles. Son escrituras cuya importancia no estriba en la durabilidad sino en la externación misma del pensamiento, prácticas que no sirven para comunicarse con otros, a menos que el otro sea una parte del sujeto que escribe y que se desdobla merced a esta operación.

En su *Antropología de la escritura*,[1] Giorgio Cardona recuerda así el trágico final de Arquímedes, cuando el sabio

---

[1]   Giorgio R. Cardona, *Antropología de la escritura*, trad. de Alberto L. Bixio, Gedisa, Barcelona, 1994.

se encontraba trazando figuras en la arena y es interrumpido por un soldado que le pregunta su nombre. Arquímedes está tan absorto en sus operaciones que no contesta, y el militar, tal vez un iletrado, le clava su espada: ¿cómo podía ser más importante trazar garabatos en la arena que contestar a la autoridad?

Eso son los trazos que hacemos en una pizarra para ordenar las ideas: gestos privados para clarificar el pensamiento, no grabados para superar el tiempo o vencer la distancia. En el otro extremo encontramos muchas escrituras públicas que ejercieron influjo sobre gente que no podía descifrarlas, como lo ha señalado Armando Petrucci.

Lo han aseverado antropólogos, filósofos e incluso biólogos: la cultura es para la humanidad su naturaleza. Por eso, pese a que la vista es un sentido natural, un inuit distingue y nombra una variedad de tonos que los demás englobamos en la palabra *blanco*. Lo que distingue con la mirada un hombre de la ciudad es distinto de lo que registra un hombre del campo. Y lo que percibe un hombre de la ciudad de hoy es distinto de lo que podría percibir su bisabuelo en la misma ciudad, aunque ambos estuvieran mirando el mismo objeto. La armonía, el sentido de la proporción, la concepción de los contrastes y todos los demás factores que nos hacen pensar y sentir a través de la vista son determinados por la cultura e inseparables del sentido natural. Nadie ve sin esas lentes.

Pero un hombre que sabe leer y escribir, ¿escucha, percibe o siente de manera diferente que un iletrado sólo porque está en capacidad de leer y escribir?

Durante muchos años así lo hemos supuesto. Algunos han pretendido demostrarlo al comparar la cultura escrita con la cultura de la que emerge y a la que transforma la aparición de la escritura: la cultura oral primaria, donde no hay grafía alguna.

Propongo intentarlo valiéndonos de la obra seminal de Walter Ong, *Oralidad y escritura*, publicada originalmente en 1982, que en algunos aspectos ha sido discutida o superada, pero que mantiene su vigencia y su poder movilizador del pensamiento.

La comparación se puede dar al contrastar desde una perspectiva fenomenológica la imagen y el sonido, y la vista y el oído. El oído aspira a la armonía, busca la unión, rechaza lo disonante, lo que se diferencia. Crea un público unificado en el acto de escucha: el *auditorio*. La vista, en cambio, aspira a la claridad: separa. Significativamente, no existe una palabra equivalente a *auditorio* para nombrar un conjunto de lectores. Aunque estén todos juntos leyendo el mismo texto, cada uno está sumergido en su propia interioridad.

Pero el tema tiene otras múltiples dimensiones que confirman este primer acercamiento: algunas atañen a los individuos y a cómo se relacionan éstos entre sí y consigo mismos; otras a cómo se construye y mantiene lo público. Todas estas dimensiones se pueden ver desde una perspectiva histórica que registre la evolución de una misma cultura, o desde una perspectiva antropológica que ilumine las diversidades culturales.

Siguiendo a Ong, señalo algunos rasgos distintivos que podemos extraer de un análisis así:

Al hombre de hoy le es difícil imaginar lo que es la vida para un hombre que vive una cultura puramente oral. Los que estamos habituados a la palabra escrita solemos identificar la palabra con algo exterior, una cosa. En una cultura que no conoce ningún tipo de escritura, la palabra es sólo sonido. Un acontecimiento que transcurre con el tiempo y, como él, se escapa.

La palabra escrita, en cambio, está fija. El lector puede regresar a ella cuantas veces quiera y confrontarla a la luz de la nueva información que le da el texto. Por esto muchos especialistas le atribuyen a la cultura escrita la posibilidad de analizar y discutir los conocimientos objetivamente.

En una cultura oral, el que habla se identifica con lo que está diciendo, y es difícil separar lo que dice de quien lo dice. La palabra es sólo un suceso y en sí misma es manifestación de un poder presente. El acto de habla y el acto de escucha son simultáneos. Dado que quien habla y quien escucha comparten el mismo contexto, se dice que es un lenguaje situacional: palabras que se comprenden gracias a la información que ambos comparten en la situación comunicativa.

Al mantener el conocimiento en el ámbito compartido, muchas culturas orales (o con fuertes reminiscencias de oralidad) dan una impresión extraordinariamente agonística en su expresión verbal y su estilo de vida. Los proverbios y acertijos no sólo se emplean para almacenar los conocimientos, sino que parecen comprometer a otros en el combate verbal o intelectual. Recordemos por ejemplo los combates de trovadores que aún se estilan en el campo en España, Colombia, México y Venezuela, o el regateo como una práctica inherente a las transacciones comerciales.

Por su cualidad de cosa, de objeto externo, en la cultura escrita la palabra puede ser separada del que la enuncia. De hecho siempre hay una separación temporal o espacial entre el que escribe y el que lee. Por esto la escritura propicia abstracciones que separan el saber del lugar donde los seres humanos luchan unos contra otros.

Pero si las palabras pronunciadas siempre son evanescentes, ¿cómo logran las culturas orales establecer un espacio simbólico estable que garantice su estructura social? La única respuesta posible es: gracias a la memoria. No es casual que en las culturas orales el saber esté depositado en los ancianos: son los que pueden recordar más.

Esto no sólo se traduce en valorar la facultad de la memoria por sobre otras, sino también en la forma de estructurar el discurso, que se construirá de tal manera que facilite ser recordado.

Las investigaciones sobre culturas orales antiguas o sobre las modernas culturas ágrafas resaltan la manera en que el pensamiento se origina según pautas equilibradas e intensamente rítmicas, con repeticiones o antítesis, aliteraciones y asonancias, expresiones calificativas y de tipo formulario, de manera que vengan a la mente con facilidad, y que ellos mismos sean modelados para la retención y la pronta repetición.

Desde luego, en las culturas escritas también encontramos expresiones fijas o rítmicamente equilibradas. Pero en una cultura oral son incesantes o, como dice Ong, "forman la sustancia del pensamiento mismo. El pensamiento, en cualquier manifestación extensa, es imposible sin ellas, pues en ellas consiste". Yo añado: esos saberes constituyen la *res publica*, la cosa pública.

Se suele decir que las culturas orales son esencialmente conservadoras. Es cierto, pero en un sentido muy distinto del que ese concepto tiene en nuestra sociedad. Para ellas no es una elección política, sino una necesidad de supervivencia. En una sociedad sustentada en el poder limitado de la memoria, cada saber nuevo representa una amenaza de desplazamiento para el anterior. El conocimiento debe repetirse constantemente o se pierde. Y para que algo se recuerde, debe ser en sí mismo memorable. De ahí la propensión en las mal llamadas literaturas orales a lo extraordinario.

La cultura escrita acoge lo nuevo sin temor a diluirse y les da a las nuevas generaciones la posibilidad de acceder al saber de manera más pronta. El poder conservador de la escritura es inmenso, por esto permite la incesante acumulación del conocimiento. Lo original no tiene referencia a su cercanía con un presunto origen; todo lo contrario, es lo nuevo lo que difiere radicalmente de lo antes visto. Y la literatura da cabida a la persona ordinaria.

El propio concepto de memoria es distinto en una cultura oral que en una escrita. Para nosotros, que podemos fijar un texto, memorizarlo y cotejarlo después, la memoria se identifica con la repetición exacta de las palabras previamente fijadas. En las culturas orales lo memorizado es inevitablemente una mezcla de lo nuevo y lo viejo, aunque se haga pasar por impecablemente antiguo. Conviene destacar algo más: lo olvidado está por siempre prescrito. Los muertos desaparecen irremediablemente cuando el último mortal ha dejado de recordarlos. Un minuto después son nada.

En la cultura escrita la cosa pública es lo publicado, y prácticamente no hay ámbito social que no se establezca a través de la escritura y que no requiera su uso para participar en él.

Cualquiera que haya escuchado entrelíneas (permítanme esta metáfora de cultura escrita en este género oral) habrá visto cómo he ido aludiendo a algunas cualidades inherentes a la cultura escrita que son, llamémoslas así, valoradas por el discurso republicano sobre la función ciudadana. Las voy a repasar someramente:

- Primacía de lo analítico, de las ideas sobre las acciones, de los conceptos sobre los juegos verbales, de lo exacto sobre lo aproximado.
- Diferenciación de los individuos en el interior de la comunidad.
- Acogida de lo nuevo, ampliación y diversificación del saber, multiplicación del conocimiento.
- Posibilidades de instrucción a los niños.
- Liberación del pensamiento de la necesidad de conservar, ampliación del intercambio de ideas y experiencias.
- Desarrollo en el sujeto de una conciencia de sí.
- Ampliación del ámbito de lo público.
- Posibilidad de reinterpretación del pasado.
- Facilitación del surgimiento de instituciones.

En suma, una gama de posibilidades que sustentan todos los valores que, a partir de la Ilustración, hemos blandido en Occidente para liberar al ser humano de su oscuro origen e iluminar su porvenir. No es por azar que cuando Kant responde la pregunta "¿Qué es la Ilustración?", lo haga aludiendo a la posibilidad de que cada ciudadano escriba públicamente su opinión privada sobre lo que atañe a todos.

Pero la identificación de la cultura escrita con civilización, racionalidad y democracia es sospechosa. En las culturas orales hay tanta racionalidad como en las escritas. De hecho muchas personas ágrafas realizan análisis y conceptualizaciones que los hombres de la cultura escrita, finalmente limitados por ella, no siempre podemos comprender como tales.

Pregonar las bondades de la cultura escrita asociándola acríticamente con la civilización y el progreso —dice D. P. Pattanayak— es, de hecho, relegar a una tercera parte de la humanidad a la categoría de incivilizados. Tiene razón. Pero es insensato concluir que por eso hay que interrumpir todo esfuerzo por alfabetizar. Tanto como idealizar la escritura, por ejemplo, al señalar que una persona normal escribe diez veces más lento de lo que habla y suponer que, por tanto, quien escribe medita y reflexiona. ¿Realmente lo hacen siempre todos los que escriben?

Debemos evitar sacar conclusiones mecánicas. Al alfabetizarse una persona no adquiere las cualidades de la cultura escrita. Por eso la confianza ciega que muchos le tienen a la alfabetización se ve cruelmente contrastada con los hechos.

Aclaro que sólo para fines prácticos he establecido una comparación entre cultura oral primaria y cultura escrita como conjuntos homogéneos. Cada cultura es un conjunto de habilidades y saberes humanos desigualmente distribuidos.

En *Hacia una teoría de la lengua escrita*, publicado en 1986, Nina Catach da un dato que me parece de importancia. La mitad de la población en el mundo sabe leer (en un sentido muy amplio), pero sólo una cuarta parte de la población mundial sabe escribir (igual en un sentido muy amplio). Es lícito suponer que en una sociedad como la nuestra esta diferencia tiene una enorme relevancia para establecer parámetros de diferenciación sociales, económicos, políticos y culturales.

¿Qué son todos aquellos que saben leer, pero no saben escribir? ¿Analfabetos funcionales, semianalfabetos, iletrados, lectores precarios? Cada cultura significativamente establece sus nomenclaturas. Pero se trata de algo más que de asignar un nombre. Si es cierto que la introyección de la cultura escrita abre un campo de posibilidades para pensar y actuar, ¿quién realiza verdaderamente estas posibilidades?

¿Qué es lo que modifica al lector: saber leer o las actividades que realiza a través de la palabra escrita?

La lectura de la nueva generación de textos que revisan críticamente los primeros descubrimientos sobre la cultura escrita nos permite concluir que el ser humano no depende de la escritura para la racionalización medianamente compleja. La escritura tiene el efecto de intensificar la tendencia hacia el pensamiento descontextualizado y abre posibilidades para construcciones discursivas más complejas.

Por lo demás, como señala con acierto Denny, los seres humanos no cambian sus hábitos de pensamiento a menos que existan razones que los obliguen a hacerlo.

En sociedades a pequeña escala el pensamiento se debe emplear no sólo para ganarse la vida, sino para sustentar la estructura social, pues no hay instituciones sociales autónomas. Cuando las sociedades exceden el tamaño en el que todos los miembros comparten un fondo común de información y aumenta la interacción con extraños, surge el impulso original que lleva al pensamiento descontextualizado: transmitir información ajena a las personas que llevan vidas diferentes de las de uno.

Pero también las propias prácticas discursivas han ido modificando el sentido original de la palabra escrita y, por tanto, la valoración social de quienes la realizaban. En muchas sociedades de la Antigüedad el hecho de saber escribir no era sino un oficio más, que no siempre tenía un rango privilegiado: los escribas eran sólo obreros de la palabra. La importancia social de ese saber era tan limitada que ni siquiera todos los literatos lo poseían.

Pero conforme los usos de la palabra escrita tuvieron mayor relevancia (por ejemplo, en la impartición de justicia o en las transacciones comerciales), saber escribir se convirtió en una señal de distinción que conllevaba privilegios económicos y políticos: Ivan Illich nos dice que, ya entrado el siglo XIV, la mera capacidad de firmar y deletrear se tomaba como prueba para la atribución de privilegios clericales. Por ejemplo, quien demostraba esa capacidad quedaba liberado de la pena capital.

Para gran parte de la población el texto había pasado a ser una metáfora constitutiva del mundo, incluso si no sabían leer. Cuando se amplió aún más el espacio intervenido por la cultura escrita, el prestigio asociado a ésta se incrementó. Pero de manera paralela se fue tornando imperioso aumentar el número de usuarios. Es una necesidad del progreso que no todos juzgan prudente y a la que muchos —oprimidos y opresores— se han opuesto por razones de diversa índole. De manera simultánea, también se da una presión de los iletrados por acceder a la cultura escrita.

Sería sumamente interesante mostrar cómo cada una de las expansiones de la cultura escrita ha generado movimientos u opiniones que cuestionan su valor o que quieren limitar su acceso a la lectura. Curiosamente, desde Platón hasta la actualidad, la palabra escrita se ha usado con frecuencia para cuestionarla. Pero no es mi intención revisar la historia social de la humanidad. Quería simplemente mostrar cómo la historia de la escritura muestra con claridad cómo los usos de la palabra escrita reformulan los valores implícitos en ésta, y cómo esta dinámica está inscrita en una tensión entre la conservación y el cambio.

La escritura abrió nuevas posibilidades de construcción y acumulación del saber. Permitió el surgimiento de instituciones y le dio un nuevo sentido al espacio público. Debido a estas transformaciones se redujo la morbilidad, se incrementó la productividad, se extendió la cobertura educativa y sucedieron muchas otras cosas que hicieron crecer a la sociedad en magnitudes imposibles antes de la cultura escrita.

Pero la sociedad no sólo ha crecido. Se ha tornado de una complejidad inextricable para cualquier iletrado (y para la inmensa mayoría de los letrados también). Y para esta sociedad, vasta y compleja, estamos formando ciudadanos.

Valorar la escritura sólo en términos de las posibilidades que ofrece para ampliar el radio de transmisión de información es describir nuestra sociedad sólo en términos de su magnitud. En nuestra sociedad la palabra escrita cumple muchas funciones: simbólicas y productivas, públicas y privadas, políticas y sagradas, educativas y de recreo. Esto es algo que no se asume cabalmente en la escuela, ni siquiera en la mayor parte de las campañas de animación a la lectura realizadas extramuros.

De hecho si hacemos un análisis superficial de los discursos y prácticas alrededor de la lectura veremos que para la mayor parte de ellos el contraste significativo es entre los alfabetizados y los analfabetos o, a lo sumo, entre los que leen y los que no lo hacen. Es un discurso fundado en la oposición cultura escrita/cultura oral, como si las diferencias en el interior de los que saben leer no fuesen de igual o mayor significación.

Habitualmente identificamos la formación ciudadana con el ejercicio de lo político, lo público o al menos lo intersubjetivo. Me parece que debe velar simultáneamente por el desarrollo de una dinámica de acercamiento a lo íntimo y subjetivo. Esto es algo que tiene la mayor trascendencia en la formación de ciudadanos.

El hombre es un ser racional. El hombre es un ser social. El hombre es el único animal que habla. Nuestro orgullo de especie nos ha hecho machacar esto. Pero olvidamos con frecuencia que nuestra razón tiene valor sólo porque el hombre es también un ser irracional. Que nos organizamos socialmente a la vez que tenemos clara conciencia de nuestra irreductible soledad. Y que si somos animales del lenguaje, el lenguaje comprende lo racional y lo irracional.

La palabra escrita es el instrumento más poderoso para dar sentido. Pero inevitablemente está abierta a nuevos significados. No sólo por su esencia polisémica, sino porque el sentido sólo se extrae desde lo contingente y para lo contingente.

Quiero regresar al terror ante la inevitable debilidad del lenguaje. John Dewey ha descrito con gran maestría "la técnica con que los pensadores han relegado lo incierto e incompleto a una oprobiosa situación de ser irreal, mientras que han exaltado sistemáticamente lo seguro al rango de verdadero Ser". Este excepcional pensador norteamericano de principios del siglo XX ha mostrado también cómo lo incompleto alienta la práctica, el deseo de búsqueda y participación. Y cómo, por el contrario, lo completo alienta el refugio y la contemplación.

Esta aproximación abre un caudal enorme de sugerencias para analizar las prácticas escolares y sus implicaciones en la formación de ciudadanos. Les dejo esa tarea.

Continuidades y discontinuidades: tentativas para comprender procesualmente la formación de usuarios de la cultura escrita

Para Louise Rosenblatt, con admiración, gratitud y cariño

> Únicamente podremos sacar a la luz conocimientos sociológicos que sean lo bastante objetivos para servir a la solución de los agudos problemas sociales cuando, en planteamiento y solución, cesemos de supeditar la investigación de lo que es en realidad a las ideas preconcebidas respecto a cómo la solución de dichos problemas puede acomodarse a los deseos propios.[1]
>
> NORBERT ELIAS

EL ASUNTO QUE QUIERO EXPLORAR ESTÁ EXPRESADO CON claridad en el subtítulo de esta conferencia. La cuestión es, o me ha parecido, harto enredada. Por eso quisiera aclarar algunos conceptos y el nudo del problema.

Esquemáticamente, entiendo por *proceso* "la transformación por la que alguien —un individuo en relación con otros o un conjunto de personas— pasa de un estado a otro". En esa transformación ese sujeto no sólo se *traslada* de un estadio a otro, como si fuese un pasajero que aborda un transporte, sino que él mismo se altera, modifica sus relaciones

---

[1] Norbert Elias, *El proceso de la civilización. Investigaciones sociogenéticas y psicogenéticas*, trad. de Ramón García Cotarelo, Fondo de Cultura Económica, Madrid, 1987, p. 21.

con otros; por tanto, a mediano o largo plazo contribuye a modificar el propio sistema en el que está inserto. Metafóricamente hablando, se podría decir que un proceso es un juego en el que, a raíz de su interacción, un conjunto de actores se transforman mutuamente, al tiempo que modifican las reglas y, quizás, el sentido mismo del juego.

Desde esta perspectiva, la formación de lectores se ha planteado siempre como un fenómeno procesual (aunque por lo común se ha asumido esto de manera ambigua). Lo podemos constatar al analizar los discursos que fundamentan la formación de lectores. Hayan tenido su origen en instituciones educativas, eclesiales o sindicales, tengan intenciones políticas o no, sean religiosas o laicas, suponen que a través de la lectura se realizará una transformación de las personas. Implícita o explícitamente, esperan que, al formarse como tales, los lectores amplíen o modifiquen su capacidad para establecer relaciones, con ellos mismos y con otras personas, y, por tanto, aunque sea de manera colateral, ayuden a transformar (o a mantener) el entorno social. Por eso formamos y se han formado lectores siempre. Puede haber muchos matices y rangos, pero, en lo esencial, no hay otra razón.

Sin embargo, conviene puntualizar que la actividad lectora no siempre transforma al sujeto que lee. De hecho, tampoco toda la oferta editorial busca formar al lector. La lectura también puede ser una forma de *gasto*, que sólo aspire a desfogar energía: es el caso de la lectura como consumo, de ocio o esparcimiento. Dicho sea de paso, ahora que se asocia leer con el placer y comparten espacios de exhibición Goethe y *Vogue*, esta forma de lectura merece que le presten más atención las personas e instituciones encargadas de la formación de lectores. No hay razón para satanizarla. En mayor o menor medida, todos la practicamos, no sólo los millones de asiduos a revistas, libros y pasquines, que no siempre se reconocen como lectores, a pesar de que inviertan muchas horas a la semana distrayendo su fatiga, ansiedad o aburrimiento a través de la lectura.

Pero no es esta lectura de la que queremos hablar en este encuentro. Si no me equivoco, a los aquí presentes nos interesa la que conlleva beneficios al lector, a las relaciones que éste establece con otros, al conjunto social.

Desde hace algunas décadas, los que trabajamos en este campo somos parte de un consenso inédito. Pero cuando todo el mundo habla en favor de la lectura, debemos reconocer que es muy complejo sostener de manera científica los presupuestos ideológicos que se le atribuyen. No es nada sencillo hacerlo. Entre otras cosas porque no es fácil —quizá sea imposible— determinar la relación causa-efecto.[2]

Esto es muy difícil de aceptar por gente que invierte esfuerzos y recursos en favor de la lectura en espera de propiciar cambios deseables. Tal vez esto explique las resistencias a construir conocimiento duro en nuestro campo. Pero ¿debemos resignarnos a trabajar a ciegas, animados por el entusiasmo y el amor por la lectura?

---

[2] "La relación entre dos procesos interconectados que no tienen origen (así como no lo tiene el reino humano) no encaja en el esquema tradicional de causas y relaciones a corto plazo que supone siempre un origen, y, desde el principio, un mundo discontinuo. [...] La necesidad de encontrar orígenes enturbia nuestra perspectiva. No hay una esfera fundamental que constituya la base de todas las demás esferas. El alfa y omega de este desarrollo son los seres humanos, por supuesto; el mismo género humano." Norbert Elias, "Tecnificación y civilización", en *La civilización de los padres y otros ensayos*, comp. y pres. de Vera Weiler, Editorial Universidad Nacional/Norma, Bogotá, 1998, pp. 461-462.

Ni una teoría que suponga un sujeto universal e inmutable, ni un protocolo que pretenda replicar experiencias en la soledad de un laboratorio pueden sernos de utilidad. Si una cosa tenemos clara es que, aun cuando se ubique en la recóndita soledad de una ermita, un lector no se forma sólo interactuando con manchas en un papel. La lectura (como la escritura) es siempre un hecho social, y por tanto históricamente determinado, que se inscribe en los más recónditos rincones de la biografía emocional de un sujeto. Como tal, es una faceta más de complejos procesos de construcción de sujetos y comunidades. No se puede comprender separada de ellos.

Otra dificultad para construir conocimiento deriva de la utilización de conceptos y categorías estáticas para analizar, o incluso describir, una actividad tan compleja y dinámica. Desde luego, no se trata sólo de adoptar una nueva terminología, sino de pensar de otra forma. Romper con hábitos mentales añejos no es sólo un trabajo intelectual sino que implica sacudir la totalidad de nuestra persona. Vuelvo a la idea de Norbert Elias que he citado previamente: si los hombres seguimos diciendo que el Sol sale cada mañana a pesar de que hace siglos que oficialmente descartamos la postura geocéntrica, es porque nos cuesta distanciarnos de nuestras ilusiones egocéntricas.[3] ¿Cuántas otras suposiciones no se sustentan en nuestro ingenuo egocentrismo?

Hace tiempo que busco una forma de analizar o planear la formación de lectores sin negar su naturaleza dinámica y compleja. Hasta donde comprendo, esto implica, más que una abigarrada construcción teórica, alejarnos de

---

[3]   V. Elias, *El proceso...*, *cit.*, pp. 38 y ss.

la engañosa y reconfortante estabilidad de las palabras y los conceptos para aprender a pensar nuestro campo procesualmente. Es sin duda una empresa teórica de gran dificultad, pero no carece de implicaciones prácticas. Sospecho que sólo así podremos comprender de una forma clara los retos y dilemas que enfrentamos en ese terreno confuso que llamamos hoy la formación de lectores, en el que proliferan los supuestos, las buenas intenciones, las declaraciones pomposas e irrefutables, los propósitos redentores y la insatisfacción crónica. No los análisis esclarecedores, las investigaciones rigurosas ni las acciones efectivas.

Mi impresión es que la gente involucrada en la formación de lectores, pese a suponer la lectura como un fenómeno procesual, rara vez lo asume como tal, y que a eso debe la discordancia entre prácticas y discursos, la aparente ineficacia de las campañas, la insatisfacción permanente de padres, maestros y promotores.

Mi hipótesis es que al aclarar esto podremos comprender las resistencias, contradicciones, dificultades y, por qué no, el sentido y la importancia del trabajo en la formación de lectores. En las páginas que siguen intentaré avanzar en este sentido valiéndome de la categoría de *continuidad*.

★ ★ ★

El concepto de continuidad o *continuum* me fue sugerido por la lectura de Louise Rosenblatt. Fuertemente influida por la filosofía de John Dewey, Louise planteó en 1938 que eso que llamamos lectura es una totalidad dinámica en la que se suscita una transacción entre el lector y el texto, entendidos no como entidades cerradas sino como entidades que se definen en el mismo acto de lectura.

> Todo acto de lectura es un acontecimiento, o una transacción que implica a un lector en particular y un patrón de signos en particular, un texto (un acontecimiento) que ocurre en un momento particular y dentro de un contexto particular. En lugar de dos entidades fijas que actúan una sobre la otra, el lector y el texto son aspectos de una situación dinámica total. El "significado" no existe de "antemano" en el "texto" o "en" el lector, sino que despierta o adquiere entidad durante la transacción entre el lector y el texto.[4]

Nadie lee dos veces el mismo texto, en parte también porque nadie es el mismo después de leer un texto. De la misma manera que —debido a que el sentido se construye por las preguntas, vivencias e información que aporta el lector— nunca dos lectores leen un mismo texto de igual manera.

Tal vez a muchos parecerá una obviedad. En todo caso es una de esas obviedades de cuyas consecuencias es muy complicado hacerse cargo en el campo educativo. La propia Rosenblatt ha señalado que es difícil descartar el concepto de que los textos en sí mismos no poseen significado.[5]

A partir de este modelo, Rosenblatt ha buscado dar cuenta de las operaciones que producen significado, lo mismo

---

[4] Louise Rosenblatt, "La teoría transaccional de la lectura y escritura", en *Los procesos de lectura y escritura*, Lectura y Vida, Buenos Aires, 1996.

[5] Una de las razones por las que la propuesta de Rosenblatt resulta tan importante y revolucionaria aun hoy proviene de que asumió cabalmente esto para hacer de la lectura literaria un instrumento para la democratización.

de un informe científico que a partir de una obra de arte literaria.

Como se sabe, la tendencia generalmente ha sido (y sigue siendo, por mucho que, de nuevo, *oficialmente* se haya avanzado) atribuir la distinción a los textos en cuestión. Caricaturizo, pero no tanto: en un poema o un cuento el lector cultiva sus emociones y sentimientos, goza estéticamente y labra su subjetividad. Mientras que, al leer un texto informativo o de no ficción, como se dice en inglés, el lector aprende y extrae información objetiva.

Rosenblatt se aparta de esta creencia y muestra que en realidad el acto de lectura debe ubicarse en algún punto de una línea continua, definido por el lector al adoptar una postura predominantemente estética (es decir, en la que el lector centra su atención en las vivencias que afloran en el acto de lectura) o eferente (es decir, una postura en la que el lector centra su atención en extraer y retener información del texto). Y enfatiza el concepto *preferentemente* para resaltar la idea de que existe una continuidad o un *continuum* entre los dos polos, y que, por tanto, la posición de lector en ningún momento es completamente estética o eferente en su totalidad.

Al leer a Rosenblatt comprendí que un concepto que permite establecer relaciones de continuidad ahí donde se plantean pares de opuestos tajantemente separados tiene un enorme potencial para describir, analizar y plantear la formación de lectores. Y anoté una lista de sugerentes oposiciones.

Desde esta perspectiva, el campo de la formación de la cultura escrita se puede plantear como el establecimiento o dinamización de continuidades en pares antinómicos como oralidad y escritura, cuerpo y espíritu, memoria e invención, infancia y adultez, razón y emoción, consciente e inconsciente, ausencia y presencia, público y privado, coacción y subversión, civilización y barbarie, o vida y muerte, por citar algunos con diferente valor y grado de cientificidad.

No me sería muy difícil demostrar cómo la lectura es una actividad que manifiesta, construye o cataliza el flujo entre polos que comúnmente se ven sin relación de continuidad. Esto ha sido expresado o analizado por diversos autores, e implícitamente se evidencia en prácticas cotidianas, aunque no se tenga conciencia de ello. Por ejemplo, cataliza el paso de la infancia a la adultez y de la adultez a la infancia; también el desliz del sueño a la vida consciente y de la vida consciente al sueño, como lo narró Proust, lo prescribió Breton y lo propician cada noche millones de padres de familia. Asimismo, cataliza la conversión del espíritu en cuerpo y del cuerpo en espíritu, como saben poetas, místicos y terapeutas, y establece vasos comunicantes entre muertos y vivos, como lo hemos anhelado en algún momento todos los que hemos escrito nuestro nombre y algo más para que alguien lejano lo lea.

Se podrían escribir hermosos textos entrelazando ideas y observaciones muy diversas. De alguna forma, resultaría evidente que la palabra escrita cumple funciones vitales primarias y funciones sociales complejas, que activa la memoria y la imaginación, que en términos humanos la presencia no responde a las reglas de la física clásica, que la lectura (como la escritura) es siempre —y sobre todo— una forma de evidenciar, catalizar y modificar el *continuum* entre un yo y los otros, y, de manera concatenada, entre diversos nosotros. Podríamos mostrar que los hombres somos seres de tiempo, que requerimos de instrumentos para recordar, anticipar o prever y que por eso creamos o prolongamos escenarios en los que interactuamos con otros. Y que podemos hacer todo esto porque el lenguaje escrito constituye un extraordinario capital de experiencias acumulado a lo largo de milenios. (¿Cuántos millones de ideas, emociones, sueños y fantasías de personas muertas o lejanas gravitan en nuestras bibliotecas como almas en pena buscando reencarnar? ¿Cuántas horas de trabajo heredadas o efectivamente realizadas son necesarias para activar ese capital?)

Sin embargo, para avanzar en la construcción de conocimiento sería necesario hilvanar conceptualmente estas observaciones. Creo que es posible hacerlo recuperando las funciones que cumple o potencia la palabra escrita tanto en el desarrollo psíquico como en el social. Para ello parece imprescindible adoptar una perspectiva que vincule aquellos aspectos que se consideran corpóreos con otros incorpóreos, y algunos biológicos con otros culturales, rompiendo el hábito que nos lleva a establecer una dicotomía entre cultura y naturaleza.

Pero no se pueden plantear las funciones del lenguaje tomando como marco de referencia el adulto independiente y autónomo, es decir, un individuo ya constituido y con conciencia de sí. Por el contrario, habría que considerar a éste como el resultado de procesos psico- y sociogenéticos.

Se trata en lo fundamental de distanciarnos de nosotros mismos como adultos que vivimos en un cierto estadio civilizatorio y comprendernos en una cadena de transformaciones concatenadas.

La evolución de la literatura infantil y juvenil —desde sus remotos orígenes en las nanas y los relatos tradicionales anónimos, y sus primeras formalizaciones en la literatura didáctica y moralista, hasta los actuales libros para bebés y la cada vez más variada y rica producción actual— puede ser una estupenda base empírica para estudiar los procesos psico- y sociogenéticamente.

A través de estudios así planteados, se podrían comprender mejor las formas en que —en distintos momentos y culturas— se establecen y modifican las pautas de dependencia e independencia y los equilibrios en los diferenciales de poder entre individuos y grupos. Pero por el momento es una tarea pendiente a la que pocos se abocan, tal vez porque significa regresar al campo de las relaciones de enseñanza/aprendizaje, del que intentamos independizarnos, y del que, a mi juicio, no es posible separarnos. Más bien deberíamos analizar dichas relaciones desde una perspectiva distinta a la que nos han trazado nuestros hábitos escolares.

$$\star \star \star$$

Para comprender la enseñanza/aprendizaje desde otra perspectiva conviene recordar que el ser humano está biológicamente determinado para actuar con otros y que ningún proceso de aprendizaje es independiente de estructuras y procesos naturales o de no aprendizaje.[6]

En este sentido, hay dos tipos de estructuras que merecen ser calificadas como naturales. Por un lado, hay estructuras que son completamente inaccesibles al cambio, entendido como el conjunto de experiencias acumuladas y recordadas. Por otro, hay estructuras humanas naturales

---

[6]   Elias, *La civilización...*, cit., p. 310.

que permanecen disponibles y no pueden funcionar en su totalidad a menos que sean estimuladas por una relación de "afecto-aprendizaje" (el ejemplo más estudiado de esto es el desarrollo del lenguaje[7]). La presencia de tales estructuras es más obvia en la infancia. Pero esto no significa que estén ausentes en otras etapas del ciclo vital.[8]

Norbert Elias señala evidencias que sugieren que hay experiencias que deben pasar a través de algunos tipos de conocimiento aprendido por una persona anterior, cuando el proceso natural de maduración ha producido la más fuerte disposición natural posible para aprenderlas. La capacidad de habla o entendimiento de un lenguaje es una de las varias instancias de este reino. La de distinguir lo que es amado y lo que responde al amor es otra. Y la de regularse a sí mismo de acuerdo con el estándar aprendido socialmente y el control de las emociones es una tercera.[9]

Me parece razonable situar este terreno triplemente demarcado como un punto de partida para analizar el conjunto de tareas que agrupamos bajo el rubro "formación de un lector" y específicamente "la evolución de la literatura para niños y jóvenes". O ¿qué es la literatura sino el sitio privilegiado para recrear el lenguaje y un campo de experimentación, expansión, exploración y conservaciones de afectos, valores e ideas? Y la cultura escrita, ¿no ha sido siempre una herramienta de control (y autocontrol)?

Pero debemos ser cautos y evitar las fáciles transpolaciones que llevarían a confirmar supuestos ideológicos muy

[7]   Un estudio ejemplar en este sentido es el realizado por Jerome Bruner en *El lenguaje del niño*.
[8]   V. Elias, *La civilización…*, *cit.*, pp. 305 y ss.
[9]   *Ibid.*, p. 309.

en boga. Kaspar Hauser y otros casos de niños lobo nos permiten comprobar que, si en un cierto periodo de desarrollo biológico un niño no es estimulado, su capacidad lingüística estará limitada de por vida. Lo mismo podría decirse del papel decisivo de los afectos en la primera infancia. Frente a esto, la reiteración de que, si se lee a los niños en la infancia, serán lectores en la edad adulta, no pasa de ser un mero eslogan.

Por el contrario, los estudios sociológicos arrojan evidencias de que la disponibilidad o capacidad para la lectura puede modificarse positiva o negativamente de acuerdo con distintas variables. Y también que no se puede analizar mecánicamente. Como ha señalado Martine Poulain, los mismos entornos (la familia, la escuela, la prisión), los mismos imperativos (vivir, forjarse una identidad, trabajar, distraerse, dormir), las mismas cargas psíquicas (comprender el mundo, educar a los hijos, comportarse con los demás, defenderse) suponen o conllevan la voluntad de leer o, al contrario, la voluntad de no leer. Frente a las necesidades vitales o existenciales algunos buscan un sostén, una ayuda, una respuesta en la consulta de lo escrito, mientras que otros buscan otras iniciaciones, otros medios, otras comprensiones, otros olvidos.[10] Pero es indudable que, al igual que en las estructuras de afecto-aprendizaje, la interdependencia de los procesos biológico y cultural es recíproca, como vio Elias y ha sugerido Michèle Petit.[11]

---

[10] Prólogo a Michel Peroni, *Historias de lectura. Trayectorias de vida y lectura*, trad. de Diana Luz Sánchez, Fondo de Cultura Económica, México, 2003.

[11] "Podemos asumir que el proceso de maduración biológica en los niños es tan dependiente del proceso social de 'afecto y aprendizaje', como el segundo del primero." Elias, *La civilización...*, *cit.*, p. 310. V. también el ensayo "La lectura reparadora", en Michèle Petit, *Lecturas: del espacio íntimo al espacio*

Los estudios realizados por René Diatkine, Serge Lebovici, Marie Bonnafé y otros acerca de las rimas, nanas, retahílas y otras formas literarias comunes en la primera infancia son una sugerente pauta para comprender las continuidades de aspectos biológicos, emocionales y sociales a través de formas literarias, en el cambiante proceso de definición de dependencia y autonomía entre dos sujetos en construcción.

Desde esta perspectiva civilizatoria, ¿cuál es la relación de continuidad entre esas primeras formas literarias y las formas más complejas de creación literaria propias de edades en las que el ámbito de socialización es más extenso? No podemos saberlo ahora. Me parece que sería importante estudiar esto sobre bases empíricas y con una perspectiva más amplia que el mero análisis de los contenidos. Por ejemplo, si nos acercarnos a la literatura moralista de los siglos XVII y XVIII no sólo como una forma de transmisión de valores socialmente aceptada, sino como un mecanismo para desarrollar la facultad de anticipación y previsión, que es indispensable para la transformación de la coacción externa en autocoacción, propio del proceso civilizatorio.

Pero para pensar efectivamente en la formación de lectores procesualmente no sólo hace falta definir el tramado de continuidades entre los campos biológicos y culturales, psíquicos y sociales; es preciso también descubrir cortes ahí donde superficialmente vemos continuidades.

En este tenor, ¿es factible identificar las nanas y rimas anónimas que se transmitieron de generación en generación, a través de líneas matriarcales, con la muy variada producción editorial para bebés disponible en la actualidad?

público, trad. de Miguel y Malou Paleu y Diana Luz Sánchez, Fondo de Cultura Económica, México, 2001.

¿Los cuentos del siglo XVIII son el mismo tipo de dispositivo civilizatorio que los relatos de Roald Dahl? ¿En qué medida las formas de circulación y acceso a los libros es determinante para definir el potencial civilizatorio de los libros?

El estudio de los cortes pondría en evidencia que, tanto en los procesos psicogenéticos como en los sociogenéticos, el papel de la palabra escrita ha variado históricamente por razones que no son atribuibles a la evolución de la literatura, ni siquiera del conocimiento, en el campo de la educación y la lectura (por ejemplo, factores demográficos, económicos, políticos o tecnológicos). Es decir, se trata de fenómenos en buena medida no planeados.

Con esto no quiero decir que los procesos estén determinados por encima de la voluntad de los hombres (en todo caso, serían resultantes del rejuego de diversas voluntades, necesariamente no coincidentes), ni siquiera que la voluntad de las personas o el conocimiento que ellas tengan de su campo no intervenga en el desarrollo de los procesos de formación de lectores. Simplemente son una variable más. El rasgo alentador para los que amamos el conocimiento y su difusión es que la importancia relativa de estas variables se incrementará en la medida en que los deseos estén sustentados en el conocimiento.

★ ★ ★

El planteamiento anterior permite poner de relieve algunos retos y disyuntivas que enfrentamos los que trabajamos en el campo de la formación de lectores.

La crisis de la lectura que vivimos hoy se puede comprender por un triple conflicto con lo universal:

1) La idea de que todos deben acceder a la educación y por tanto estar en capacidad de leer y escribir, planteada por primera vez en el siglo XVIII y que se ha convertido en un propósito común en los movimientos políticos a partir de entonces.

2) La validez universal del modelo letrado como paradigma de la formación de lectores.

3) La idea de que existe un modelo de lector universal, capaz de frecuentar con solvencia todos los modelos textuales.

Alcanzar estos tres universales no es difícil. Sencillamente, es imposible. Pero no resulta fácil desechar tales aspiraciones sin tirar por la borda principios que, al menos discursivamente, rigen la educación y la política de Occidente desde la Ilustración.

A menudo los letrados suponemos que la formación de lectores es la mejor vía para lograr el cumplimiento de esos ideales. Es una ilusión narcisista y una mistificación que revela la incapacidad de leer de una manera más profunda la formación de ciudadanos y la propia formación de lectores en el marco del proceso civilizatorio. El ágora griega, el primer espacio en el que se establecieron las condiciones para hacer del intercambio de ideas un instrumento para una sociedad libre de tiranos y dogmas, no suponía que todos los ciudadanos supieran leer, sino que fueran libres para argumentar y escuchar argumentos.

A partir de la Revolución francesa el mundo occidental avanza, por cierto, no sin retrocesos, hacia una universalización de los derechos y deberes. Hacia la asunción universal del derecho a ser al menos corresponsable del destino propio. En este proceso se han acentuado formas de interrelación social y se ha hecho necesario replantear las reglas de convivencia continuamente. Si todos tienen derechos y obligaciones establecidos, la formación de lectores es imprescindible para garantizar el estado de derecho.

Condorcet, el primer teórico de la educación universal, lo señaló con claridad cuando aseveró que se debe buscar que los ciudadanos amen y respeten la ley y que, simultáneamente, la critiquen y reformulen. Ése es el sentido de la educación republicana. Pero ¿quién va a instrumentarla? ¿Qué modelos deben sustentarla?

No se puede educar o formar lectores como si la escritura fuera una técnica neutra, independiente de las relaciones sociales y el mundo de los afectos. Sin duda, la palabra escrita ha cumplido un papel fundamental en el proceso civilizatorio, entendido como la subordinación de los impulsos momentáneos bajo una previsión y como el modo en que se supeditan afectos momentáneos a objetivos a largo plazo. Pero no es la única forma distanciarse y regular la conducta a partir de la razón. Ni necesariamente siempre conlleva eso.

Durante mucho tiempo hemos identificado lectura y razón, palabra escrita y civilización. Muchas de las atribuciones que le damos hoy en día a la formación de lectores provienen de la matriz en la que los antropólogos comparaban la cultura escrita con las culturas orales. Primacía de lo analítico, de las ideas sobre las acciones, de los conceptos sobre los juegos verbales, de lo exacto sobre lo aproximado. En suma, la diferenciación de los individuos en el interior de la comunidad, la descontextualización de lo dicho, la acogida de lo nuevo, la ampliación del saber, la multiplicación del conocimiento, las posibilidades de instrucción a los niños, la liberación del pensamiento de la necesidad de conservar, la ampliación del intercambio de ideas y experiencias, el desarrollo en el sujeto de una conciencia de sí, la ampliación del ámbito de lo público, la posibilidad de reinterpretación del pasado.

El fuerte desarrollo de los medios para fijar y difundir la palabra oral y la imagen, por una parte, y la proliferación de usos y usuarios de la palabra escrita y su incorporación a la pantalla, por otra, han hecho cada vez más difícil sustentar la identificación de la palabra escrita con esos atributos. En nuestro tiempo la palabra escrita es cada vez más similar a la oral, y la oralidad y el lenguaje visual han adquirido valores propios de la palabra escrita. Insistir en la atribución de valores al simple hecho de leer y escribir es pues una mistificación.

La conjunción del deterioro del valor de la palabra escrita y el incremento del poder de lo oral y lo visual hacen imperioso de nueva cuenta mirar nuestro campo desde una perspectiva amplia. El estado del mundo obliga a que repensemos los procesos civilizatorios descentrándonos de nuestro ombligo. Levi Strauss lo ha escrito: "Los bárbaros son los que creen en la barbarie".

Con esto quiero sugerir que la distinción sobre la que debemos trabajar los que apostamos por la lectura como un beneficio al lector, por su posibilidad de establecer relaciones con otros y, por tanto, con su entorno, no es la oposición entre lectores y no lectores. La lectura ciertamente da poder y facilita ejercer derechos. Pero de ello no se desprende que tenga relación con el ejercicio de la responsabilidad. Debemos desconfiar de los acercamientos fetichistas a los libros.

Los formadores de lectores pueden contribuir a mejorar el estado del mundo con mayor eficacia en la medida en que su actuación esté sustentada en un saber crítico, que se cuestiona por sus propias condiciones de existencia.

Tal vez el mayor reto de la cultura letrada en la actualidad es comprenderse como una manifestación no exclusiva del proceso civilizatorio, y aprender a ubicarse en él como un eslabón más. Asumirse como un eslabón, una parte de un continuo proceso de construcción y destrucción, abierto. Siempre amenazado, no determinado por la voluntad, que, sin embargo, no podemos dejar al azar.

Noticias

"Los días y los libros" tuvo su origen como un ejercicio en un seminario que llevamos a cabo en el equipo de libros para niños y jóvenes del Fondo de Cultura Económica. Fue una propuesta de Evelyn Arizpe que me pareció muy sugerente. Luego, al escuchar la diversidad de autobiografías, me pareció indispensable para cualquier persona que quiere dedicarse al campo de la educación. Lo real siempre es más rico y diferente de lo que imaginamos. Conocerlo abre oportunidades.

"La paternidad y los libros" fue escrita como una colaboración para la revista *Cahier d'Acces*, en su número especial *Lieux de lecture, lectures d'enfance* (2001).

"La invención del niño" fue la conferencia inaugural del seminario de formación de profesionales llevado a cabo por la Feria del Libro Infantil y Juvenil en la Ciudad de México, en noviembre de 1999.

"Extranjeros en el mundo" fue leída en el Congreso de IBBY Internacional en Cartagena en 2000.

"El Norte y la brújula" fue leída en junio de 2001, en el marco de unas jornadas de promoción a la lectura de la entonces sede de la Fundación Germán Sánchez Ruipérez, en Salamanca, España.

"La inevitable debilidad radical del lenguaje" fue inicialmente una conferencia que impartí en Medellín, Colombia.

La primera versión de "Continuidades y discontinuidades" fue leída en un seminario a puerta cerrada convocado por la Fundación Germán Sánchez Ruipérez, en la Casa de América de Madrid, España, en noviembre de 2001.

Bibliografía

Abbagnano, Nicola y Aldo Visalberghi, *Historia de la pedagogía*, trad. de Jorge Hernandez Campos, Fondo de Cultura Económica, México, 1957.

Benjamin, Walter, *Ensayos escogidos*, trad. de H. A. Murena, Sur, Buenos Aires, 1967.

Boimare, Serge, *El niño y el miedo de aprender*, trad. de Sandra Garzonio, Fondo de Cultura Económica, Buenos Aires, 2001.

Bruner, Jerome S., *El habla del niño. Aprendiendo a usar el lenguaje*, trad. de Rosa Pemat, Paidós, Barcelona, 1986.

Cardona, Giorgio Raimondo, *Antropología de la escritura*, trad. de Alberto L. Bixio, Gedisa, Barcelona, 1994.

Catach, Nina (comp.), *Hacia una teoría de la lengua escrita*, trad. de Lía Varela y Patricia Willson, Gedisa, Barcelona, 1994.

Cavallo, Guglielmo y Roger Chartier (coords.), *Historia de la lectura en el mundo occidental*, trad. de María Barberán, Mari Pepa Palomero, Fernando Borrajo y Cristina García Ohlrich, Taurus, Madrid, 1997.

Certeau, Michel de, *La invención de lo cotidiano I. Artes de hacer*, trad. de Alejandro Pescado, Universidad Iberoamericana, México, 2000.

Chartier, Roger, *Espacio público, crítica y desacralización en el siglo XVIII. Los orígenes culturales de la Revolución francesa*, trad. de Beatriz Lonne, Gedisa, Barcelona, 1995.

Darnton, Robert, *La gran matanza de gatos y otros episodios en la historia de la cultura francesa*, trad. de Carlos Valdés, Fondo de Cultura Económica, México, 1987.

DeMause, Lloyd, *Historia de la infancia*, trad. de María Dolores López Martínez, Alianza Editorial, Madrid, 1982.

Dewey, John, *La reconstrucción de la filosofía*, trad. de Armando Lozano, Planeta DeAgostini, Madrid, 1993.

Elias, Norbert, *El proceso de la civilización. Investigaciones sociogenéticas y psicogenéticas*, trad. Ramón García Cotarelo, Fondo de Cultura Económica, Madrid, 1987.

————, *La civilización de los padres y otros ensayos*, comp. y pres. de Vera Weiler, Editorial Universidad Nacional/Norma, Bogotá, 1998.

Ferreiro, Emilia, *Alfabetización. Teoría y práctica*, Siglo XXI, México, 1997.

_____, *Pasado y presente de los verbos leer y escribir*, Fondo de Cultura Económica, Buenos Aires, 2001.

García Canclini, Néstor, *Consumidores y ciudadanos. Conflictos multiculturales de la globalización*, Grijalbo, México, 1995.

Gómez de Silva, Guido, *Breve diccionario etimológico de la lengua española*, El Colegio de México/Fondo de Cultura Económica, México, 1988.

Hazard, Paul, *Los libros, los niños y los hombres*, trad. de María Manent, Barcelona, Juventud, 1960.

Hürlimann, Bettina, *Tres siglos de literatura infantil europea*, trad. de Mariano Orta, Juventud, Barcelona, 2.ª ed., 1982.

Ibrišimović, Nedžad, *El libro de Adem Kahriman*, trad. de Antonio Saborit y Stephen Schwartz, Breve Fondo Editorial, México, 2000.

Kant, Emanuel, *Filosofía de la historia*, trad. de Eugenio Ímaz, Fondo de Cultura Económica, México, 2.ª ed., 1979.

Larrosa, Jorge, *La experiencia de la lectura. Estudios sobre literatura y formación*, Laertes, Barcelona, 2.ª ed., 1998.

Nietzsche, Friedrich, *Así hablaba Zaratustra...*, introd., trad. y notas de Andrés Sánchez Pascual, Alianza Editorial, Madrid, 4.ª ed., 1977.

Olson, David R., *El mundo sobre el papel*, trad. de Patricia Willson, Gedisa, Barcelona, 1998.

_____ y Nancy Torrance, *Cultura escrita y oralidad*, trad. de Gloria Vitale, Barcelona, Gedisa, 1995.

Ong, Walter, *Oralidad y escritura. Tecnologías de la palabra*, trad. de Angelika Sep, Fondo de Cultura Económica, México, 1987.

Peroni, Michel *Historias de lectura. Trayectorias de vida y lectura*, trad. de Diana Luz Sánchez, Fondo de Cultura Económica, México, 2003.

Perrault, Charles, *Cuentos*, introd. de Bruno Bettelheim, trad. de Carmen Martín Gaite, Crítica, Barcelona, 1980.

Petit, Michèle, *Nuevos acercamientos a los jóvenes y la lectura*, trad. de Rafael Segovia Albán y Diana Luz Sánchez, Fondo de Cultura Económica, México, 1999.

_____, *Lecturas: del espacio íntimo al espacio público*, trad. de Miguel y Malou Paleo y Diana Luz Sánchez, Fondo de Cultura Económica, México, 2001.

Petrucci, Armando, *Alfabetismo, escritura, sociedad*, pról. de Roger Chartier y Jean Hébrard, trad. de Juan Carlos Gentile Vitale, Gedisa, Barcelona, 1999.

Platón, *Cartas*, trad. de José B. Torres, Akal, Madrid, 1993.

Rifkin, Jeremy, *La era del acceso. La revolución de la nueva economía*, trad. de J. Francisco Álvarez y David Teira, Paidós, Barcelona, 2000.

Rosenblatt, Louise, "La teoría transaccional de la lectura y escritura", en *Los procesos de lectura y escritura*, Lectura y vida, Buenos Aires, 1996.

Soriano, Marc, *La literatura para niños y jóvenes. Guía de exploración de sus grandes temas*, trad., adaptación y notas de Graciela Montes, Colihue, Buenos Aires, 1995.

Steiner, George, *Después de Babel. Aspectos del lenguaje y la traducción*, trad. de Adolfo Castañón y Aurelio Major, Fondo de Cultura Económica, México, 2.ª ed. aum., 1995.

_____, *Errata. El examen de una vida*, trad. de Catalina Martínez, Siruela, Madrid, 1998.

_____, *Pasión intacta. Ensayos, 1978-1995*, trad. de Menchu Gutérrez y Encarna Castrejón, Siruela, Madrid, 1997.

Tournier, Michel, *El espejo de las ideas*, trad. de L. M. Todó, Quaderns Crema, Barcelona, 2000.

Twain, Mark, *Diario de Adán y Eva*, Ediciones Corregidor, Buenos Aires, 1990.

Esta obra se imprimió y encuadernó
en el mes de abril de 2023,
en los talleres de Impregráfica Digital, S.A. de C.V.,
Av. Coyoacán 100–D, Col. Del Valle Norte,
C.P. 03103, Benito Juárez, Ciudad de México.